20
25
TERCEIRA EDIÇÃO

Gabriela **Knoblauch**

MENTE CONCURSEIRA

**TÉCNICAS DE ESTUDO + INTELIGÊNCIA EMOCIONAL
PARA CONCURSOS PÚBLICOS
COM VÍDEOS E EXERCÍCIOS MENTAIS!**

2025 © Editora Foco

Autora: Gabriela Knoblauch
Editor: Roberta Densa
Diretor Acadêmico: Leonardo Pereira
Revisora Sênior: Georgia Renata Dias
Capa: Leonardo Hermano
Projeto Gráfico e Diagramação: Ladislau Lima
Impressão miolo e capa: FORMA CERTA

Dados Internacionais de Catalogação na Publicação (CIP) (Câmara Brasileira do Livro, SP, Brasil)

K72m   Knoblauch, Gabriela
Mente concurseira: técnicas de estudo e inteligência emocional para concursos / Gabriela Knoblauch. - 3. ed. - Indaiatuba, SP : Editora Foco, 2025.

220 p. ; 14cm x 21cm.

Inclui índice e bibliografia.

ISBN: 978-65-6120-287-9

1. Metodologia de estudo. 2. Concursos públicos. 3. Técnicas de estudo. 4. Inteligência emocional. I. Título.

2025-432   CDD 001.4   CDU 001.8

Elaborado por Vagner Rodolfo da Silva - CRB-8/9410

Índices para Catálogo Sistemático:

1.Metodologia de estudo 001.4   2. Metodologia de estudo 001.8

DIREITOS AUTORAIS: É proibida a reprodução parcial ou total desta publicação, por qualquer forma ou meio, sem a prévia autorização da Editora Foco, com exceção do teor das questões de concursos públicos que, por serem atos oficiais, não são protegidas como Direitos Autorais, na forma do Artigo 8º, IV, da Lei 9.610/1998. Referida vedação se estende às características gráficas da obra e sua editoração. A punição para a violação dos Direitos Autorais é crime previsto no Artigo 184 do Código Penal e as sanções civis às violações dos Direitos Autorais estão previstas nos Artigos 101 a 110 da Lei 9.610/1998.

NOTAS DA EDITORA:

Atualizações do Conteúdo: A presente obra é vendida como está, atualizada até a data do seu fechamento, informação que consta na página II do livro. Havendo a publicação de legislação de suma relevância, a editora, de forma discricionária, se empenhará em disponibilizar atualização futura. Os comentários das questões são de responsabilidade dos autores.

Bônus ou *Capítulo On-line*: Excepcionalmente, algumas obras da editora trazem conteúdo extra no *on-line*, que é parte integrante do livro, cujo acesso será disponibilizado durante a vigência da edição da obra.

Erratas: A Editora se compromete a disponibilizar no site www.editorafoco.com.br, na seção Atualizações, eventuais erratas por razões de erros técnicos ou de conteúdo. Solicitamos, outrossim, que o leitor faça a gentileza de colaborar com a perfeição da obra, comunicando eventual erro encontrado por meio de mensagem para contato@editorafoco.com.br. O acesso será disponibilizado durante a vigência da edição da obra.

Imagens: Projetado por Dooder / Freepik

Impresso no Brasil (3.2025) • Data de Fechamento (3.2025)

2025
Todos os direitos reservados à
Editora Foco Jurídico Ltda.
Rua Antonio Brunetti, 593 – Jd. Morada do Sol
CEP 13348-533 – Indaiatuba – SP

E-mail: contato@editorafoco.com.br
www.editorafoco.com.br

Aos meus alunos, que tanto me fazem crescer
como profissional e pessoa.

Ao meu amado filho, Rafael, que tornou meu mundo
muito mais colorido e feliz.

SUMÁRIO

AO MEU LEITOR E FUTURO SERVIDOR 1

INTRODUÇÃO AO MUNDO DOS CONCURSOS PÚBLICOS

DICIONÁRIO CONCURSEIRO 9

TRÂMITE DE UM CONCURSO 12

BANCAS 15

EDITAL: A LEI DO CONCURSO 19
LEIA COM ATENÇÃO SEU EDITAL 20
IMPUGNAÇÃO DE EDITAL 20

CARGOS: ESTRUTURA BÁSICA 21

10 DÚVIDAS FREQUENTES 23

TÉCNICAS DE PREPARAÇÃO

COMO ESCOLHER QUAL CONCURSO PRESTAR? 29
OPÇÕES DE CONCURSOS 30
    Concursos Federais 30
    Concursos Estaduais e Municipais 31
    Critérios para a definição do foco 31
    Quanto à prova 32

a) Periodicidade 32

b) Disciplinas cobradas 32

c) Grau de dificuldade 32

Quanto ao cargo 33

a) Função exercida 33

b) Carga horária 33

c) Lotação 33

d) Possibilidade de transferência 33

e) Vencimentos, vantagens, benefícios e plano de carreira..... 34

f) Custo de vida no local de lotação 34

COMO TER TEMPO PARA OS ESTUDOS? 35

CRONOGRAMA DE ESTUDOS EFICIENTE 39

PRINCÍPIOS DO CRONOGRAMA EFICIENTE 40

ESTUDO POR CICLOS 43

CRONOGRAMA POR CICLOS FIXO 43

CRONOGRAMA POR CICLOS MÓVEL 44

A IMPORTÂNCIA DE CONFIAR NO PLANO DE ESTUDOS........ 45

QUAIS SÃO AS MATÉRIAS BÁSICAS PARA A MAIORIA DOS CONCURSOS? 45

QUANTAS DISCIPLINAS COLOCAR NO CRONOGRAMA? 45

CRONOGRAMA COM EDITAL NA PRAÇA X CRONOGRAMA SEM EDITAL NA PRAÇA 45

MATERIAL DE ESTUDOS 46

GESTÃO DO ESTUDO – MÉTODO MENTE CONCURSEIRA .. 47

LEITURA DA TEORIA + GRIFOS E ESQUEMAS 47

COMO GRIFAR COM QUALIDADE E PRECISÃO? 47

QUESTÕES COMENTADAS + CADERNO DE ERROS 50

SUMÁRIO VII

SISTEMA TRIPLO DE REVISÕES 53
REVISÃO DO FIO DA MEADA 54
"DECOREBA EM DOSES HOMEOPÁTICAS"............................ 54
REVISÃO CUMULATIVA 55

METAS DE VOLUME.. 57

ESTUDO ATIVO X ESTUDO PASSIVO............................ 60

COMO ESTUDAR CADA TIPO DE MATÉRIA 63
PORTUGUÊS 63
INGLÊS.. 64
MATÉRIAS DE DIREITO OU QUE DEMANDAM MUITA LEITURA .. 69
DISCIPLINAS DE CÁLCULO.. 70

TÉCNICAS DE RESUMO 71

TÉCNICAS DE MEMORIZAÇÃO 73

PLANEJAMENTO DO DIA DE PROVA............................ 74

ROTEIRO RESUMIDO DO ESTUDO DE UM CAPÍTULO OU AULA 79

CRIANDO A MENTALIDADE DE APROVADO

PREÇO DA APROVAÇÃO: VOCÊ ACEITA? 85
EXERCÍCIO MENTAL 87

SANGUE FRIO 88
EXERCÍCIO MENTAL 91

CAPITAL EMOCIONAL: DICAS PARA O INVESTIDOR...... 92
EXERCÍCIO MENTAL.. 95

ZONA DE DESCONFORTO	96
EXERCÍCIO MENTAL	98
ENQUANTO ROMA QUEIMA	99
EXERCÍCIO MENTAL	102
A FALÁCIA SOBRE O LIMITE	103
EXERCÍCIO MENTAL	105
O PEQUENO DÉSPOTA EM VOCÊ: CARTA AO PROCRAS-TINADOR	106
EXERCÍCIO MENTAL	109
DESÇA DO MURO! 10 CERTEZAS SOBRE A CRISE	110
EXERCÍCIO MENTAL	112
REPROVAÇÃO: MANUAL DA "BAD"	113
EXERCÍCIO MENTAL	116
A FALTA DE ANSIEDADE	117
EXERCÍCIO MENTAL	119
QUAIS SÃO SUAS ÂNCORAS MENTAIS?	120
EXERCÍCIO MENTAL	122
NÃO ESPERE A MOTIVAÇÃO PARA COMEÇAR	123
EXERCÍCIO MENTAL	125
VOCÊ É MIMADO (A)?	126
EXERCÍCIO MENTAL	128
MAIS CONCENTRAÇÃO? SEGURE SEU MACACO!	129
EXERCÍCIO MENTAL	132

SUMÁRIO IX

VOCÊ É GUIADO PELO MEDO? 133

    EXERCÍCIO MENTAL 135

A SÍNDROME DO ALUNO NOTA 10 136

    EXERCÍCIO MENTAL 138

CONCURSEIRO PERFECCIONISTA: CURE-SE! 139

    EXERCÍCIO MENTAL 141

AMARELOU? QUEM NUNCA? 142

    EXERCÍCIO MENTAL 143

"NÃO AGUENTO MAIS": COMO TER FORÇAS PARA CONTINUAR 144

    EXERCÍCIO MENTAL 146

SELO DE APROVAÇÃO: VOCÊ PRECISA? 147

    EXERCÍCIO MENTAL 149

FAXINA NA VIDA PESSOAL 150

    EXERCÍCIO MENTAL 152

10 MAUS HÁBITOS QUE TODO CONCURSEIRO DEVE EVITAR 153

    EXERCÍCIO MENTAL 155

AUTOSSABOTAGEM 156

    EXERCÍCIO MENTAL 157

HISTERIA E STABILOS 158

    EXERCÍCIO MENTAL 159

QUER DESISTIR? 160

    EXERCÍCIO MENTAL 162

MENTE CONCURSEIRA

QUANDO VOCÊ SE TORNA UM HERÓI 163

COMO DOMAR A ANSIEDADE.. 165

    EXERCÍCIO MENTAL 168

BLOCO DE CONCRETO: VOCÊ TEM UM?........................ 169

    EXERCÍCIO MENTAL 173

O FATOR INCERTEZA 174

    EXERCÍCIO MENTAL 177

SOBRE LABAREDAS E FAÍSCAS 178

    EXERCÍCIO MENTAL 181

DE TRÁS PARA FRENTE 182

    EXERCÍCIO MENTAL 185

CAÇANDO MAMUTES 186

    EXERCÍCIO MENTAL 189

MÚSICA AMBIENTE... 190

    EXERCÍCIO MENTAL 193

PRIORIZAÇÃO: PELO BEM DOS SEUS PRATINHOS 194

    EXERCÍCIO MENTAL 196

MANUAL DE BOAS FESTAS DO CONCURSEIRO 197

    EXERCÍCIO MENTAL 201

SÓ JOGA PARA GANHAR? MINHA HISTÓRIA!................. 202

    EXERCÍCIO MENTAL 208

COMUNIDADE MENTE CONCURSEIRA 209

AO MEU LEITOR
E FUTURO SERVIDOR

Olá, futuro servidor!

Fico feliz que tenha tomado uma importante decisão no seu caminho até a aprovação. **Perceba que para chegar até este livro muitos mecanismos importantes foram acionados em seu cérebro.** Houve a decisão de entender melhor o mundo dos concursos (seja para iniciar a caminhada ou acelerá-la), a seleção da fonte de informação e o impulso motivacional de iniciar a leitura.

Sabe o que tudo isso significa? Que você acabou de provar reunir algumas das características necessárias à aprovação. Note que seu plano saiu da abstração e adentrou o mundo prático no momento em que adquiriu este livro. Sinto-me honrada por ter me escolhido para auxiliá-lo nessa empreitada. **Começo lhe dando os parabéns. Afinal, diferente de milhares de pessoas que deixam um sonho guardado na cabeça, você já colocou seu plano em andamento!**

Sabemos que concurso público envolve forte competição. Afinal, é muito bom ser servidor por uma série de motivos (salário digno, estabilidade, possibilidade de servir à sociedade...) e por isso é natural que haja disputa. **Não há vagas para todos, isso é certo.** Dessa maneira, apesar de você já ter algumas características (citadas acima) que certamente são um ótimo indicativo de boas chances nesse ousado plano, **temos muito chão pela frente.**

Antes de dar início ao nosso papo sobre concurso nas páginas seguintes, gostaria de lhe explicar este livro. **Meu objetivo é que este material seja <u>infinito</u> para você, de modo que possa recorrer a ele em diferentes etapas da sua preparação.**

Em outras palavras, **esta obra é voltada para concurseiros iniciantes, intermediários e avançados.** Aqui pode ter surgido sua primeira dúvida: **Como pode um material abarcar todas as fases de uma extensa preparação?** Vamos lá:

Esta obra é dividida em 3 partes:

Introdução ao mundo dos concursos

Técnicas de Estudo

Criação da Mentalidade de Aprovado

Se é um iniciante, leia com toda a atenção a primeira parte do material. Ela te dará amplo panorama sobre o universo do concurso público.

Caso seja um concurseiro experiente, é bastante possível que algumas das informações da Parte 1 do livro não sejam do seu conhecimento ou não estejam tão claras em sua mente. Isso porque podemos encontrar na internet milhares de informações sobre todo tipo de certame. Entretanto, esses dados estão pulverizados e desorganizados, dificultando sobremaneira o entendimento do "mundo concursístico".

As informações da Parte 1 são cruciais visto serem balizadoras de decisões. Entender sobre bancas, regras de edital, cargos, remuneração e fatores a considerar na escolha do certame a ser prestado, por exemplo, é fundamental para dar o rumo certo à preparação.

A Parte 2 do livro é a que costuma despertar grande interesse nos alunos. Não é para menos. Nela vou te ensinar a criar um cronograma de modo a manter sua concentração sempre alta, a organizar revisões para que não chegue ao final do livro com a primeira metade já esquecida, a fazer resumos otimizados que funcionem na sua realidade, a memorizar com mais agilidade, dentre outros macetes. Verás que tudo é bastante simples e direto. **Afinal, a organização do seu estudo serve para facilitar a vida e não pode terminar por tornar-se um fardo, outra tarefa árdua a ser administrada. A gestão do estudo não pode ser mais difícil do que o próprio estudo.** Nosso lema aqui, ok?

Há muito material no mercado de concursos. MUITO. Graças a Deus! Isso aumenta a concorrência e eleva o nível de quem trabalha sério e com amor nessa área. Outra vantagem disso é dar aos candidatos uma ampla gama de materiais para que possam escolher aquele que lhes fale ao coração, aquele com o qual mais se identificam.

É possível encontrar cursos presenciais, online, videoaulas e livros sobre absolutamente tudo referente a concursos ou que apenas tangencie o tema. Material de estudo de todos os tipos com vários autores e professores diferentes, infinitos cursinhos, canais no Youtube de concurseiros e concursados – sem falar na profusão de coaches para concursos. Há bastante material grátis, inclusive. **O que você poderá encontrar aqui são as melhores informações COMPILADAS E ANALISADAS.** Excesso de informação ou dados fragmentados, pulverizados e desconectados tornam a preparação também fragmentada, sem rumo e – fatalmente – ineficiente.

Contudo, nos meus anos como coach e professora, o que percebo é que quase ninguém ainda atentou para o fato que **HÁ ALGO DE MUITO FUNDAMENTAL QUE NÃO ESTÁ SENDO TRATADO.** Essa omissão é a causa de milhares de reprovações todos os anos.

Quando você pensa em Orientação para Concursos, em Coaching, pensa em técnicas de estudo e motivação. Sim, esse "combo" é importante e parte necessária de qualquer curso sério de Coaching. Tanto que será tratado nesta obra. **MAS AQUI QUERO MAIS. QUERO MUDAR SEU MINDSET, SEU MODO DE PENSAR. É SOBRE ISSO QUE VAMOS CONVERSAR NA PARTE 3 DO LIVRO.**

Quero falar bem diretamente com você! Sem filtros. Sem melindres. **Vamos explorar a fundo POR QUE VOCÊ AGE COMO AGE.** Como já se sabe, é muito importante praticar o que aprendemos para que possamos reter a nova informação. Por isso, depois de cada artigo dessa parte do livro, preparei para você um **EXERCÍCIO MENTAL.** Não deixe de fazer!

Bom, mas por que você, que já tem algum domínio de técnicas de estudo e já viu muito material motivacional, não consegue colocar seu plano em prática? Que força é essa que te segura, que impede o bom andamento dos seus sonhos? Por que quando estuda, não rende? E quando estuda, faz tudo certo, não passa? Já adianto – superficialmente – a razão: **você não está trabalhando harmoniosamente com os dois lados do seu cérebro.**

O lado esquerdo do nosso cérebro é racional, prático, analítico, estratégico. Lá é que os dados são processados. **Já no lado direito as**

emoções são trabalhadas. É ali que moram sua criatividade, a capacidade de imaginar e de sentir. É lá que a magia acontece! ☺

É mais ou menos assim:

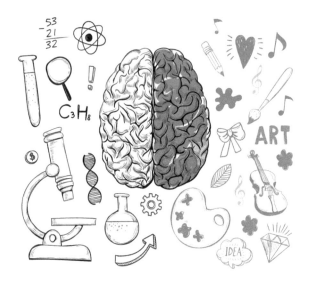

Quando estudamos para concurso, buscamos informações e acreditamos que apenas o conhecimento vai nos levar a atingir a meta traçada. Contudo, isso é um GRANDE ERRO. Nosso cérebro é um só e um lado interfere no outro. O lado racional doma as emoções enquanto nossos sentimentos comprometem a precisão e frieza do nosso estrategista interno. **Assim, só há uma maneira de obtermos o máximo de nossos recursos cerebrais: equilibrando os dois lados.**

A maioria esmagadora dos alunos que realmente são empenhados (ou seja, que não são meros "figurantes" ou "aventureiros" nos dias de prova) não reprova por falta de conhecimento das técnicas de estudo, de acesso a bons materiais ou por uma dificuldade intransponível de aprendizagem. Não mesmo. O que faz muita gente reprovar é a dificuldade de sentar para estudar, de driblar o hábito de deixar para depois o que tem que ser feito agora, de deixar de lado os problemas cotidianos e se concentrar na leitura. É o abalo psicológico por se julgar velho demais

AO MEU LEITOR E FUTURO SERVIDOR

para estar estudando para concurso ou por ouvir de familiares e amigos que concurso é um jogo de cartas marcadas. É não conseguir descansar por sentir culpa. É matar dias demais de estudo por – no fundo – não concordar com o preço da aprovação. É a sensação de que o mundo lhe deve algo e que seu esforço não deveria ser (e acaba realmente não sendo) tão grande, já que se sente merecedor. É a baixa autoestima, que vê o fracasso adiante sem que haja nenhum indicativo disso. É o medo do sucesso e o sentimento de culpa por destacar-se de seus pares. É a síndrome da fraude que o faz sentir que não é bom o suficiente, mesmo que tudo mostre o contrário.

Sem estudo árduo e regular não é possível passar. Sem resolver os problemas emocionais, também não. Sentimentos mal resolvidos sabotam o esforço do lado esquerdo do cérebro. Você precisa alcançar a excelência na performance, assim como um atleta olímpico. Se focar apenas da execução racional das tarefas, estará construindo seu fracasso apesar de dispender bastante esforço para a consecução da sua meta. Lembre-se: **performance de excelência apoia-se na harmonização dos recursos dos DOIS lados do cérebro.**

Depois da apresentação do livro, é hora de começar os trabalhos!

**INTRODUÇÃO AO MUNDO
DOS CONCURSOS PÚBLICOS**

DICIONÁRIO CONCURSEIRO

Para "navegar" no universo paralelo que é o mundo dos concursos públicos, é fundamental que você conheça suas palavras-chave. Vejamos:

Cargo público

- Conjunto de atribuições e responsabilidades previstas na estrutura organizacional que devem ser cometidas a um servidor.
- Provimento em caráter **efetivo** ou em **comissão**.

Concurso público

- Será de provas ou de provas e títulos.
- Regras fixadas em edital.
- Validade de **até** dois anos, prorrogável uma vez por igual período.

Edital

- É a "lei" do concurso.
- Nele são determinadas matérias que serão cobradas, fases do concurso, datas de provas, normas de correção e classificação, regras sobre recursos e todos os detalhes do certame a ser realizado.
- Precisa estar dentro dos limites legais.

Estágio probatório

- Período de três anos de efetivo exercício no cargo para que o servidor adquira a estabilidade.
- O servidor tem seu desempenho avaliado antes de se tornar estável.

Estabilidade

- Sonho dos concurseiros, consiste na dificuldade de perder o cargo público após completar com êxito o estágio probatório.

- Servidor estável pode ser demitido SIM, mas só após sentença judicial transitada em julgado ou de processo administrativo disciplinar no qual lhe seja assegurada ampla defesa.
- A estabilidade existe para que o servidor possa atuar em prol do interesse público sem medo de ser coagido por forças políticas.

Empregado público

- Seu vínculo com o serviço público é fixado na Consolidação das Leis Trabalhistas (CLT).
- Não goza de estabilidade
- Ex: Funcionários da Petrobrás e do Banco do Brasil.

Servidor público

- Pessoa legalmente investida em cargo público.
- O servidor pode ser **comissionado** ou **efetivo**.

Servidor público efetivo

- Quem ingressou no serviço público por meio de concurso público.
- Torna-se estável após três anos de efetivo exercício da função pública se for aprovado no estágio probatório.

Servidor público estável

- Servidor efetivo que já completou o estágio probatório com sucesso (veja "estágio probatório").
- O servidor estável só perderá o cargo em virtude de sentença judicial transitada em julgado ou de processo administrativo disciplinar no qual lhe seja assegurada ampla defesa.

Servidor público comissionado

- Não ingressou no serviço público via concurso público.
- Cargo de livre nomeação, mas também de livre exoneração.
- Não alcança a estabilidade.

Banca

- É a instituição que elabora as provas do concurso.
- Ex.: FCC, CESPE, FGV, Cesgranrio.

Site de questões

- Sites com diversos filtros (ex.: ano, matéria, banca) para que o candidato possa treinar com questões de concursos antigos.
- Alguns possuem questões comentadas por usuários (ex.: QConcursos) ou por professores (ex.: TEC Concursos).
- Possuem gráficos de desempenho e outras funcionalidades interessantes.
- Cobram preços acessíveis.

Cursos presenciais

- Cursinhos preparatórios para concursos com aulas presenciais.

Cursos online

- Cursinhos preparatórios para concursos com aulas em PDF e/ou videoaulas.

Coaching

- Curso que ensina a estudar para concursos (ex.: cronograma, revisões, bibliografia ideal, inteligência emocional para concursos).
- Oferecido na forma presencial (mais raro) ou online pelos cursinhos preparatórios.

Coach

- Profissional que ministra o curso de Coaching.
- Em regra, é alguém que já passou em concurso.

Coachee

- Aluno matriculado no curso de Coaching.

TRÂMITE DE UM CONCURSO

Muitas das pessoas que você vê nos locais de prova desconhecem o trâmite de um concurso público. **Para elas, tudo começa com a divulgação do edital. É nesse momento que o candidato desavisado inicia os estudos. É aí que mora o erro fatal.** Um concurso pode ser previsto com MESES de antecedência. Se fizermos uma análise da periodicidade média de um certame, essa previsão pode ser feita ANOS antes da publicação do edital.

Portanto, conhecer o trâmite de um concurso público te dá um mínimo de previsibilidade para organizar melhor sua vida e seus estudos.

Vamos tomar como exemplo o concurso para o cargo de Auditor da Receita Federal (AFRFB). Vejam os últimos anos em que as provas aconteceram.

AFRFB			
2005	2009	2012	2014

Notem a periodicidade. Apesar de isso não ser uma regra (trata-se apenas de uma tendência), essa previsibilidade ajuda a definir em quais concursos focar primeiro. Se você está razoavelmente bem preparado, a prova da Receita acabou de acontecer (logo, dificilmente haverá outro certame em menos de dois anos) e um fisco estadual interessante está para abrir provas, está aí seu foco imediato.

Outra vantagem de conhecer o passo a passo de um certame é planejar a velocidade com que precisa estudar. Ainda usando o exemplo da Receita, se o concurso já foi autorizado, calcule que precisa estar preparado para prova em espaço médio de seis a oito meses. Quantas horas de estudo por dia você precisa para ficar competitivo em seis meses? Esse é seu balizador para criação do cronograma.

Vejamos então quais as etapas de um concurso público:

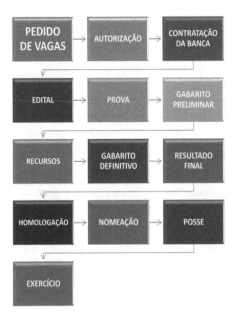

Vamos aos pormenores:

Pedido de vagas: O órgão público faz levantamento de suas necessidades de contratação e elabora um pedido de autorização de concurso.

Autorização: Geralmente a autorização para realização do concurso público é dada pela autoridade máxima do órgão (isso é comum nos Tribunais do Poder Judiciário).

Há casos em que essa autorização não parte do órgão que quer realizar o certame e sim do Ministério do Planejamento (MPOG). Órgãos do Poder Executivo Federal dependem dessa autorização.

Já os órgãos do Poder Executivo Estadual são autorizados a realizar concurso pelo Governador do Estado.

Depois de autorizado, o órgão tem **ATÉ seis meses** para publicar o edital.

Contratação da banca: Realizada após a autorização, via licitação. Há casos em que a licitação pode ser dispensada.

Edital: O tempo médio entre o edital e a prova é de **dois meses**.

Prova: Hora do show! ☺

Gabarito preliminar: É o gabarito antes de interposição de recursos pelos candidatos. Costuma sair no dia seguinte ou em até **dois dias** a contar da realização da prova.

Recursos: É aqui que você vai chorar as pitangas para a banca e tentar convencê-la a anular ou trocar o gabarito de uma questão. Normalmente é dado o prazo de **dois dias** a contar da publicação do gabarito preliminar. Detalhes de regras para interpor recurso (prazo, meio, formato...) constam no edital.

Há cursos online que preparam o recurso para o aluno! Se você estiver precisando de pouco ponto e sua reclamação for legítima, vale muito a pena. Seu recurso será escrito por um professor da matéria da qual o gabarito você discorda e com a linguagem/argumentos adequados.

Gabarito definitivo: Depois que a banca divulga o gabarito definitivo, não tem mais como chorar para ela. Só entrando na justiça para reclamar de alguma questão. Mesmo assim, é difícil ganhar visto que o Judiciário não costuma analisar o mérito da questão. Você só tem chance se for um erro muito gritante da banca e olhe lá. Quando sai o gabarito definitivo a banca divulga – em regra – no mesmo dia a classificação final do concurso.

Resultado final: É a classificação dos aprovados.

Homologação: É a chancela do Poder Público de que o concurso transcorreu dentro das normas legais. A validade do concurso (que é de até dois anos, podendo ser prorrogado uma única vez, por igual período) começa a contar da data de sua homologação.

Nomeação: Ocorre quando o órgão público te chama para trabalhar! ☺

Posse: Deve ocorrer em até **30 dias** a contar da publicação do ato de nomeação.

Exercício: Deve ocorrer em até **15 dias** a contar da data da posse.

BANCAS

Conhecer a banca examinadora permite ao candidato uma preparação muito mais focada. É interessante saber de antemão como cada banca formata as questões, que assunto gosta de cobrar dentro de cada disciplina e o grau de profundidade que costuma exigir do candidato. Se cobra mais a lei seca, se explora muito a jurisprudência. Sem esse conhecimento aprofundado, o candidato está estudando de maneira amadora. E amadores não passam.

A maneira mais eficiente de conhecer uma banca? Fazendo muuuuitas questões elaboradas por ela! Essas questões podem ser encontradas em:

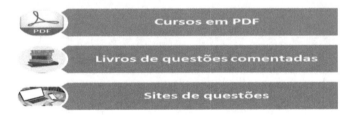

Mas como saber qual é a banca do meu concurso?

Há concursos que sempre são elaborados pela mesma banca. **Contudo, nem sempre um órgão é fiel a uma banca examinadora.** Na verdade, é bem comum que a banca mude de certame para certame de um mesmo órgão.

O segredo da preparação é observar quais foram as bancas que elaboraram os últimos concursos do seu órgão de interesse. Notará se há ou não algum padrão. Como levantar essa informação? Vá ao site www.pciconcursos.com.br, clique em PROVAS e digite o nome do órgão para o qual quer prestar concurso. Terá uma lista das bancas dos últimos certames nas mãos! Fácil, né?

Caso haja, foque na resolução de questões da SUA banca. Caso não haja, faça questões de bancas diversas e capriche nas da que elaborou o último certame. Assim que a banca for contratada para seu concurso de interesse, faça questões apenas dela.

Como uma banca é escolhida?

Via licitação. Vale lembrar que em alguns casos é dispensado o processo licitatório, havendo contratação direta da banca organizadora.

O que as bancas fazem?

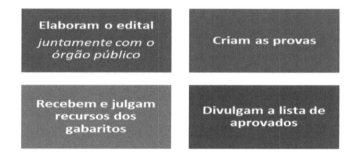

Quando a banca é escolhida, quanto tempo tenho até a prova?

Pé no acelerador! Quando a banca é contratada, o edital costuma sair em questão de semanas.

Quais são as principais bancas examinadoras?

PRINCIPAIS BANCAS
Cebraspe   Centro de Seleção e de Promoção de Eventos da Universidade de Brasília
FCC   Fundação Carlos Chagas
CESGRANRIO
VUNESP   Fundação para o Vestibular da Universidade Estadual Paulista
FGV   Fundação Getúlio Vargas

Meu concurso será organizado por uma banca pouco conhecida. E agora?

Sua banca será a Quadrix, Cetro, IDECAN, Funiversa? O próprio órgão vai elaborar as provas? Sim, isso pode acontecer. Fique tranquilo. É possível encontrar questões de todas as bancas em cursos em PDFs, livros de questões e – principalmente – em sites de questões, para que você possa treinar e conhecer seu examinador.

Já adianto que você pode esbarrar em um probleminha: não encontrará uma quantidade enooorme de questões, já que as bancas citadas não organizaram tantos concursos quanto as bancas "famosas".

Nesse caso, se sentir necessidade de treinar mais questões, complemente com questões das bancas mais conhecidas.

ATENÇÃO!
Não faça questões muito antigas de banca nenhuma. O estilo pode mudar ao longo do tempo. Além disso, muitas leis sofrem alterações e entendimentos jurisprudenciais mudam! Sempre tenha cuidado para não fazer questões desatualizadas.

EDITAL: A LEI DO CONCURSO

No edital constam TODAS as regras do jogo para que você conquiste sua sonhada vaga. Sem conhecer A FUNDO essas normas, não dá para jogar, certo? Vejamos as informações mais relevantes que constam nele:

- Banca
- Data de provas
- Tempo de realização de provas
- Quantidade de provas (fases do concurso)
- Disciplinas que serão cobradas
- Peso de cada matéria no certame
- Se há ou não penalidade por erro
- Critérios de desempate
- Data de inscrição, valor cobrado e casos de isenção
- Número de vagas
- Atribuições do cargo
- Remuneração
- Carga horária de trabalho

LEIA COM ATENÇÃO SEU EDITAL

O peso de cada matéria no certame dita quanto tempo da sua preparação você destinará a cada disciplina. A cobrança de discursiva acende o alerta para o treino de textos. A existência de penalidade por erro (como é comum nos editais do Cespe) sinaliza o cuidado na hora de chutar.

Já vi gente saindo de prova do Cespe que não tinha nenhuma penalidade por chute (pode acontecer) dizendo que deixou várias questões em branco para não perder questão que acertou caso errasse o chute! Resultado: RE-PRO-VA-DO!

IMPUGNAÇÃO DE EDITAL

Como toda lei, o edital deve estar em conformidade com a Constituição Federal e demais leis e princípios constitucionais e legais. Caso o edital não esteja em consonância com nosso sistema legal, caberá a impugnação do edital.

Um exemplo comum é a exclusão em edital de candidatos tatuados. Bom, o STF já decidiu que desde que a tatuagem não viole os valores constitucionais, o candidato não pode ser excluído do processo seletivo. Fique de olho!

CARGOS: ESTRUTURA BÁSICA

Há uma infinidade de cargos no setor público, mas o básico são os três citados na pirâmide acima.

Quanto mais complexa a função, maior a remuneração e menor a quantidade de vagas ofertadas. É essa a regra geral. Órgãos públicos costumam ofertar muitas vagas de técnico (e mesmo quando o concurso foi só para cadastro de reserva, costuma-se chamar mais para cargos técnicos), ao passo que cargos de Auditor são mais escassos.

Certames para cargos técnicos exigem do candidato apenas formação em nível médio. Entretanto, as disciplinas cobradas nas provas não são nada próximas do que estudamos na escola. É comum a cobrança de disciplinas de Direito, por exemplo. Se você vai prestar provas para um cargo de nível médio, fique ciente de que estará disputando com muita gente bem preparada de nível superior e que as disciplinas cobradas não serão realmente de nível médio. Não se engane também com matérias cuja cobrança é classificada como "Noções" ("Noções de Direito Administrativo" é Direito Administrativo, ok?).

Cargos de analista exigem nível superior do candidato, costumam figurar nos editais com menos vagas do que os de técnico, mais disciplinas, <u>mais fases</u> e mais tópicos cobrados dentro de cada matéria.

Cargos de Auditor também exigem nível superior, normalmente aparecem com ainda menos vagas, mais fases, mais aprofundamento exigido nas questões e mais disciplinas cobradas. O salário? Beeeem mais interessante do que o de técnico e analista.

10 DÚVIDAS FREQUENTES

QUANTO TEMPO EM MÉDIA LEVA PARA SER APROVADO?

Impossível saber. Leia o artigo "3000 horas de voo".

COMO ESTUDAR PARA VÁRIOS CONCURSOS AO MESMO TEMPO?

Focando em uma área. Você saberá mais detalhes sobre como fazer isso no capítulo COMO ESCOLHER QUAL CONCURSO PRESTAR.

COMO SABER QUAIS CONCURSOS EXISTEM POR AÍ?

Neste livro! ☺

POSSO SER DEMITIDO SE FOR CONCURSADO?

Sim! Lembre-se de que o foco do serviço público é o atendimento à sociedade e não ao servidor. Você como servidor é uma pequena peça em uma grande engrenagem. Você não é o dono da máquina! Sabe quem são os donos? Os cidadãos. É para eles que você trabalhará. Dessa forma, você pode ser **DEMITIDO** por todos os motivos listados no artigo 132 da Lei 8112 ou lei estadual ou municipal análoga.

Você também pode ser **EXONERADO**. A demissão tem caráter punitivo, ou seja, você precisa fazer algo de errado para ser demitido. Já a exoneração não tem caráter punitivo. Você pode ser exonerado mesmo que faça tudo certinho. Que medo, né? Mas não se preocupe. Veja os casos em que isso ocorre:

1. A pedido do servidor (é como "pedir demissão" na iniciativa privada).

2. Por não ter entrado em exercício em até 15 dias após ter tomado posse.

3. Por reprovação no estágio probatório.

4. Por insuficiência de desempenho (caso de exoneração de servidor estável).

5. Se for extinto cargo ocupado por servidor não estável

6. Servidor não estável que esteja ocupando cargo que deva ser provido mediante reintegração de outro servidor anteriormente demitido de forma ilegal.

7. Por excesso de despesa com pessoal (CF, art. 169, §4º).

POSSO PASSAR E NÃO SER CHAMADO?

Depende. Passar é um termo bem genérico e que engana muito. Você passa no concurso se não foi eliminado. Veja bem o que pode acontecer a depender da sua nota:

- Aprovado dentro das vagas oferecidas;
- Aprovado fora das vagas (seu nome fica na lista de suplentes);
- Reprovado (acontece quando a lista de suplentes tem um limite de vagas e você ficou fora dele ou quando a prova exigia nota mínima por disciplina ou prova e você ficou abaixo desse mínimo).

Agora vejamos como fica sua chance de nomeação:

- **CASO 1**

APROVADO DENTRO DAS VAGAS OFERECIDAS → SERÁ - COM CERTEZA - NOMEADO DURANTE A VALIDADE DO CONCURSO

- **CASO 2**

APROVADO FORA DAS VAGAS OFERECIDAS (FICOU NA LISTA DE SUPLENTES) → PODE OU NÃO SER NOMEADO. SUA NOMEAÇÃO OCORRERÁ APENAS SE O ÓRGÃO PÚBLICO QUISER.

ALGUÉM PODE PASSAR NA MINHA FRENTE NA LISTA DE APROVADOS?

Não! Veja o que diz a legislação:

Art. 10, Lei 8112/90: 10. A nomeação para cargo de carreira ou cargo isolado de provimento efetivo depende de prévia habilitação em concurso público de provas ou de provas e títulos, <u>obedecidos a ordem de classificação</u> e o prazo de sua validade.

Súmula 15 do STF: Dentro do prazo de validade do concurso, o candidato aprovado tem direito à nomeação, quando o cargo for preenchido sem observância da classificação.

COMO ESCOLHER UM EXCELENTE MATERIAL DE ESTUDOS?

O melhor material deve ter – cumulativamente – duas características:

1 – Ele é completo, atualizado e voltado para concursos.

2 – Você aprende com ele.

Durante toda a minha vida de estudos (escola, faculdade, concurseira, servidora), foram MUITAS as vezes que passei aperto com professores altamente gabaritados. Ter muito conhecimento não é o mesmo que ser um grande professor. <u>Entre uma sumidade em um tema e um professor há uma didática de distância.</u>

Dentre os autores/professores consagrados ou que dão aulas em cursos de renome (pode confiar no processo seletivo dos preparatórios. Para ter nome, eles precisam de aprovações. Para ter aprovações, precisam dos melhores professores), escolha aquele que explica de um jeito que você entende. Para isso, leia as aulas demonstrativas dos cursos online com cuidado e escolha aquele com a melhor didática para você.

Pode ser que um colega seu goste mais de um professor, outro de outro e você de um terceiro. Pode ser também que os três sejam igualmente bons. O que você precisa encontrar é aquela pessoa que fala de um jeito claro para você.

TEREI QUE FAZER PROVA DE REDAÇÃO?

Depende. Quanto mais simples o cargo (de menor remuneração e grau de complexidade da função), menos fases seu concurso terá. Hoje a fase discursiva virou tendência e costuma ser cobrada até em cargos técnicos. Você tanto pode enfrentar um texto sobre atualidades como questões sobre alguma disciplina da prova.

TODO MUNDO PRECISA DE ORIENTAÇÃO DE UM COACH PARA PASSAR?

Não! O coach vai te ensinar técnicas de estudo para acelerar sua aprovação e inteligência emocional para lidar com os percalços da vida de concurseiro. O coach não ensina as disciplinas e sim como estudar. Ele também não faz milagre se você não estudar para valer.

TÉCNICAS DE PREPARAÇÃO

COMO ESCOLHER
QUAL CONCURSO PRESTAR?

Essa é uma dúvida que acomete tanto concurseiros iniciantes quanto os que já estão estudando há algum tempo. Isso porque a cada reprovação é preciso traçar novos caminhos.

FOCO é fundamental para o sucesso nos concursos. Contudo, isso não quer dizer que o candidato precise estudar para apenas uma prova. O foco a que os professores e coaches para concursos tanto se referem é em uma **área** – não em um certame. O ideal é o candidato estudar um grupo de disciplinas comuns a vários concursos. Assim, consegue ficar competitivo sem ficar refém de uma prova.

Focar em um concurso, em regra, gera muita pressão psicológica e atrasa a aprovação. Há certames que acontecem a cada dois anos. Outros, a cada quatro. Existem aqueles sobre os quais não podemos nem fazer previsão, pois são muito esporádicos. Dessa forma, **focar em uma área (que abarca vários certames) multiplica as chances de aprovação.**

Concursos de uma mesma área tendem a ter editais similares, com um grupo de disciplinas comum. As diferenças entre um certame e outro da mesma área, em regra, demandará o estudo de poucas matérias diferentes do corpo comum.

Para que o candidato possa definir seu foco, reuni as principais opções de concursos em um quadro-resumo:

OPÇÕES DE CONCURSOS

Concursos Federais

CARREIRAS DO PODER EXECUTIVO FEDERAL	
Carreiras Fiscais	1. Auditor-fiscal da Receita Federal (AFRFB) 2. Analista-tributário da Receita Federal (ATRFB) 3. Auditor-fiscal do Trabalho (AFT)
Carreiras do Ciclo de Gestão	1. Analista de comércio exterior do Ministério do Desenvolvimento, Indústria e Comércio Exterior (ACE/MDIC) 2. Analista de finanças e controle da Controladoria-Geral da União (AFC/CGU) 3. Analista de finanças e controle da Secretaria do Tesouro Nacional (AFC/STN) 4. Especialista em políticas públicas e gestão governamental do Ministério do Planejamento, Orçamento e Gestão (EPPGG/MPOG) 5. Analista de planejamento e orçamento do Ministério do Planejamento, Orçamento e Gestão (APO/MPOG)
Carreira Diplomática	1. Diplomata 2. Oficial de Chancelaria (OfChan)
Carreiras da Área Jurídica	1. Advocacia-Geral da União 2. Defensor Público Federal
Carreiras do Núcleo Econômico e Financeiro	1. Banco Central do Brasil 2. Comissão de Valores Mobiliários 3. Superintendência de Seguros Privados
Carreiras do Núcleo Policial e de Inteligência	1. Polícia Federal 2. Polícia Rodoviária Federal 3. Agência Brasileira de Inteligência
Carreiras das Agências Reguladoras	ANVISA, ANP, ANTT, ANS, ANA, ANATEL, ANCINE, ANEEL, ANTAQ e ANM
Outras Carreiras	1. Assistente técnico administrativo do Ministério da Fazenda 2. Instituto Nacional do Seguro Social 3. MPOG A) Analista técnico de políticas sociais B) Analista de infraestrutura C) Analista em tecnologia da informação 4. Petrobras 5. BNDES 6. Bancos (BB e CEF) 7. Ibama 8. Ipea 9. Fiscal federal agropecuário do Mapa

CARREIRAS DO PODER JUDICIÁRIO FEDERAL E DO MPU
1. Supremo Tribunal Federal (STF)
2. Superior Tribunal de Justiça (STJ)
3. Superior Tribunal Militar (STM)
4. Tribunal Superior do Trabalho (TST)
5. Tribunal Superior Eleitoral (TSE)
6. Conselho Nacional de Justiça (CNJ)
7. Tribunais Regionais Federais (TRFs)
8. Tribunais Regionais Eleitorais (TREs)
9. Tribunais Regionais do Trabalho (TRTs)
10. Tribunal de Justiça do DF e Territórios
11. Ministério Público Federal (MPF)
12. Ministério Público do Trabalho (MPT)
13. Ministério Público Militar (MPM)
14. Ministério Público do DF e Territórios (MPDFT)
15. Ministério Público dos Estados (MPEs)
PRINCIPAIS CARREIRAS DO PODER LEGISLATIVO FEDERAL
1. Senado Federal
2. Câmara Federal

Fonte: Guia das Carreiras Públicas Federais. Bruno Fracalossi.

Concursos Estaduais e Municipais

Tribunais de Justiça e de Contas, Assembleias Legislativas, Polícia Militar, Polícia Civil, Fiscos Estaduais e Prefeituras são exemplos de opções de concursos estaduais e municipais.

Agora que você já conhece suas opções, vamos conversar sobre o que levar em conta na hora de escolher o concurso ou a área de interesse.

CRITÉRIOS PARA A DEFINIÇÃO DO FOCO

Para decidir qual concurso prestar, o candidato precisa estar atento a uma série de fatores. São eles:

Quanto à prova:

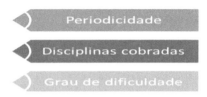

a) **Periodicidade**: Caso seu sonho seja um certame específico, é importante que você tenha uma noção da frequência média de provas do cargo que almeja. Há provas anuais (ex.: Diplomacia), provas que ocorrem – em média – a cada dois anos ou três anos (ex.: Receita Federal) e provas que demoram mais tempo para acontecer. Pesquise antes de decidir (dica: jogue o nome do cargo na busca de provas do site pciconcursos.com.br).

b) **Disciplinas cobradas**: Se você pretende prestar provas para a área fiscal, não deve ter muitas restrições às disciplinas de cálculo como raciocínio lógico, estatística, matemática financeira e contabilidade. Se vai tentar prova para a Diplomacia, deve ter afinidade com línguas. Caso queira fazer prova com foco em disciplinas afetas à área de sua graduação, é importante escolher um certame que ofereça vagas para áreas específicas (fique atento: concursos assim tendem a oferecer poucas vagas e a ser mais esporádicos). As disciplinas também têm ligação com o cargo. Se não gostar da maior parte das disciplinas do seu certame, é provável que não vá se apaixonar pela função que exercerá caso seja aprovado.

c) **Grau de dificuldade**: Em regra, quanto mais alta a remuneração, mais complexa é a prova. O grau de dificuldade diz muito sobre o nível de preparação dos concorrentes e a forma de cobrança nas questões (provas mais simples cobram mais a letra da lei e as mais difíceis cobram o conhecimento de entendimentos doutrinários e jurisprudência).

Quanto ao cargo:

a) **Função exercida**: De nada adianta ser aprovado em um excelente concurso, com ótima remuneração, se você detestar sua função. Tenha certeza de que irá gostar do seu dia a dia no órgão escolhido. Que tal visitá-lo e conversar com quem trabalha lá?

b) **Carga horária**: Há órgãos com carga horária de 8 horas, 7 horas corridas e de 6 horas. Compare as remunerações dos cargos que despertam seu interesse com base na remuneração por hora! Há quem prefira trabalhar menos horas e ter mais tempo livre. Há quem preze uma remuneração mais elevada. Pese bem o que é mais importante para você.

c) **Lotação**: Você se importa de mudar de Estado ou de cidade? E se for para uma cidade muito maior do que a que está acostumado? E se for para uma muito menor? E se for distante de onde sua família vive? É crucial que você leve isso em conta. A lotação pode determinar a que recursos terá acesso em seu cotidiano e se viverá próximo de quem ama. Cheque a facilidade de deslocamento de sua família e o custo de constantes viagens de avião até a terra natal.

d) **Possibilidade de transferência**: Há concursos que admitem transferência. Outros, não. A Receita Federal costuma lotar os aprovados nas fronteiras do país, mas – por ter órgãos espalhados por todo o território nacional – admite a transferência. Já se você fizer prova para o Senado ou para Câmara, terá que se acostumar a viver em Brasília.

e) **Vencimentos, vantagens, benefícios e plano de carreira**: É nesse item que muitos concurseiros se baseiam (por vezes, unicamente nele!) para definir qual concurso prestar. Quanto aos vencimentos, fique de olho no que é salário-base e em quais vantagens ou benefícios o cargo oferece (ex.: auxílio-creche, auxílio-alimentação, incentivo educacional, gratificações por produtividade...), se tem plano de carreira, quão rápido conseguirá avançar nesse plano e qual é o salário em final de carreira.

f) **Custo de vida no local de lotação**: Comprar um apartamento no Rio de Janeiro ou em Brasília costuma ser bem mais caro do que comprar em Vitória. Pesquise o custo de vida e dos imóveis nas possíveis lotações dos concursos desejados. Ganhar sete mil em uma cidade pode te oferecer um padrão de vida mais elevado do que receber 15 mil em outra.

**Assista ao meu vídeo
"Como escolher qual concurso prestar"**

https://youtu.be/YBrkMAFYXi4

COMO TER TEMPO PARA OS ESTUDOS?

Não crie a expectativa de que a vida vai parar para você estudar. Assim, ajustes na sua rotina atual serão inevitáveis. Faça as pazes com isso. Os convites para sair vão continuar existindo, bem como aniversários, almoços de família, doenças, aumento da carga de trabalho, viagens inesperadas e visitas que aparecem sem convite. Filhos e cônjuge continuarão a demandar atenção, imprevistos continuarão a acontecer, contas continuarão chegando e o cansaço continuará batendo. O quanto antes você entender essa realidade, menos vai sofrer e mais vai render.

A aprovação não vem do dia para noite. Essa é outra máxima com a qual precisa se acostumar. Hoje, mesmo os concursos mais simples, com menos disciplinas, requerem uma preparação caprichada. Afinal, quem não quer uma vaguinha no serviço público?

Encaixar o estudo na sua rotina pode parecer impossível, mas não é. O que você precisa fazer é ter **FOCO**. Para isso, é preciso que estabeleça **prioridades** e entenda que por mais que você sinta o impulso de abdicar de tudo para estudar 24 horas por dia (ou de não abrir mão de nada), é necessário que sua vida tenha **EQUILÍBRIO**. Ninguém suporta meses ou anos de absoluto sacrifício e ninguém passa sem uma boa dose de esforço.

O primeiro passo é ter uma visão clara de sua vida hoje, do que você tem priorizado e de como seu tempo é dividido. Para isso, usaremos uma ferramenta chamada **Roda da Vida**. Ela foi criada, pasmem, pelos hindus e já há algum tempo é usada como poderosa ferramenta de Coaching.

Para o sistema hindu, é necessário que cada esfera ou parte do gráfico tenha 60% de satisfação, caso contrário, se torna uma área que precisa urgentemente ser modificada. Ao identificar qual área apresenta deficiências, fica mais fácil de traçar um planejamento eficaz que ajudará a pessoa a trabalhar esse aspecto que está em falta, levando assim a uma vida mais prazerosa, produtiva e ao equilíbrio pessoal. (fonte: IBC Coaching)

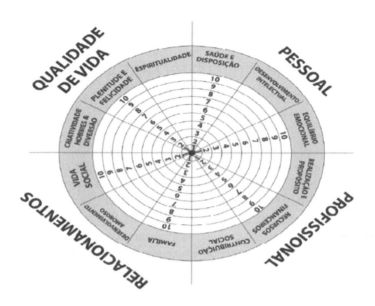

Retirado do site IBC Coaching

O uso da Roda da Vida é bem simples.

1º - Atribua notas segundo o grau de importância que você dá para cada item do desenho acima. O resultado será uma "foto" da sua vida hoje.

2º - Liste suas prioridades para sua vida como concurseiro.

3º - Refaça o exercício de atribuir notas na Roda de acordo com as novas prioridades.

O concurso é – por si só – um desequilíbrio, uma espécie de aberração na rotina. Para quem não trabalha, ficar o dia inteiro em casa estudando não é algo habitual em outros momentos da vida. Para quem trabalha e estuda, não é natural uma rotina tão puxada. **Dito isso, entenda que o equilíbrio a ser buscado não será o perfeito e sim o possível.** Mesmo assim, é importante sempre buscá-lo. Entenda que você continua sendo uma pessoa. Não virou um robô que só estuda (não importa o quanto você queira e tenha força de vontade para se transformar em um). Como pessoa, ainda precisa de uma série de fatores para se manter física e mentalmente saudável. **Se esse fato for ignorado, vai custar sua aprovação e seu bem-estar.**

Como equilibrar?

Otimizando a forma como você usa seu tempo. Que tal diminuir o tempo gasto na internet para encaixar mais horas de sono e uma atividade física? Uma boa ideia é reduzir o tempo na frente da TV, no Facebook e no WhatsApp para sobrar horas para o estudo.

Tirar algumas horas de lazer do final de semana para estudar será necessário. Isso não significa cortar a diversão e os momentos de relaxamento da sua vida.

Faça um levantamento dos "ladrões de tempo" que pouco contribuem para seu **crescimento** ou **relaxamento**. Foque no estudo, descanso, lazer moderado, exercício físico e tempo com as pessoas que mais importam para você. **Há tempo para tudo.**

Sem equilíbrio, a Roda não gira, a vida não flui! Imaginar que vai abrir mão de tudo para estudar menos tempo e ser aprovado é um delírio e uma das principais razões para as paradas no estudo, para o desânimo e para o baixo rendimento apesar da dedicação.

Todo ser humano tem em sua vida os aspectos abordados na Roda. Mesmo que a alguns desses aspectos sejam atribuídas péssimas notas. Fato é que eles existem. **E se não estão ajudando, provavelmente estão atrapalhando o bom andamento dos seus planos.**

O estudo para concurso, assim como a consecução de qualquer outra meta (perder peso, deixar o sedentarismo para trás, ter melhor relacionamento com pessoas, usufruir de crescimento profissional...) demanda uma série de atitudes e mudanças de hábitos. Essa é a parte dura. Aprender as disciplinas não é o que elimina os 99% das pessoas que jamais passarão em concurso. **O que separa os bons dos excepcionais é a capacidade de "domar" a si mesmo.** E como fazer isso se não sabemos quem somos, como funcionamos, o que nos falta e o que nos sobra? Autoconhecimento, portanto, é necessariamente o primeiro passo do caminho. Falaremos muito sobre isso ao longo do livro.

Se a questão fosse só sentar e estudar, todos teriam motivação, estudariam com afinco e passariam. Sem furos, sem desvios, sem desculpas. Afinal, razões para fazer isso todos os concurseiros têm. Por que então não rendemos? Desistimos? Criamos tantas armadilhas de autossabotagem? É porque o ser humano é COMPLEXO, cheio de meandros!

A abordagem e a criação de estratégias precisam – portanto – ter caráter holístico. Mas o que significa "holístico" ou "holismo"?

Gente, não tem nada a ver com misticismo ou algo do gênero. Vejam o que nos explica o Dicionário Michaelis:

1 Biol Doutrina que considera o organismo vivo como um todo indecomponível.

2 Compreensão da realidade em totalidades integradas onde cada elemento de um campo considerado reflete e contém todas as dimensões do campo, conforme a indicação de um holograma, evidenciando que a parte está no todo, assim como o todo está na parte, numa inter-relação constante, dinâmica e paradoxal.

Somos ou não somos seres inteiros, compostos por várias partes das quais não podemos nos desfazer, nem ignorar?

A Roda da Vida é uma ferramenta de Coaching que facilita a nossa percepção acerca do NOSSO TODO, DA NOSSA COMPLETUDE.

Autoconhecimento é a via que nos levará à melhora em todos os aspectos da nossa vida e ao desenvolvimento de nossas potencialidades como seres humanos INTEIROS. **Passar em um concurso demanda muitos conhecimentos – de fato. Mas o primeiro deles é o conhecimento sobre si mesmo.**

CRONOGRAMA DE ESTUDOS EFICIENTE

Criar um cronograma de estudos eficiente é de suma importância para o bom andamento dos estudos. É ele que vai ditar o seu ritmo, organizar o avanço paralelo das disciplinas e te lembrar de quando precisa revisar. O cronograma é o seu guia diário. Com ele, conseguirá cumprir todas as suas tarefas.

Decidir diariamente o que estudar é o cúmulo do retrabalho e da perda de tempo. O concurseiro precisa otimizar todos os aspectos de sua vida para fazer o tempo render. Assim, a melhor postura é decidir uma única vez seu plano de estudos e fazer ajustes quando necessário.

Começar o dia com um plano na cabeça clareia a mente e favorece a disciplina. Já acordar e tentar decidir diariamente por onde começar toma tempo, dá a falsa impressão de que a situação está sob controle, estimula a procrastinação, favorece o estudo apenas das disciplinas de que mais gosta (as "chatas" sempre ficam para um depois que nunca chega) e dificulta o controle do estudo e a aferição de resultados.

Se não há plano, não há possibilidade de atraso, certo? Já percebeu que não ter um cronograma não é algo próprio de concurseiros profissionais?

Ao longo do tempo, sem dúvida, ajustes serão necessários. O cronograma pressupõe estimativas de tempo para estudar as disciplinas, bem como as dificuldades e facilidades que encontrará pelo caminho. Como toda previsão, o que você imaginou pode ou não se concretizar. Uma matéria que parecia demorada de estudar pode se revelar tranquila. Já outra, aparentemente pequena, é altamente complexa e de evolução lenta.

Apesar dos ajustes, notará que o cronograma sempre seguirá uma linha mestra.

O objetivo do cronograma não é apenas evitar a tomada diária de decisões acerca do que estudar. A ideia é também organizar o estudo de modo a garantir o nível elevado de concentração ao longo do dia e o melhor aproveitamento em cada disciplina.

PRINCÍPIOS DO CRONOGRAMA EFICIENTE

São 12 os princípios de um bom cronograma. Na língua dos concurseiros, "são 12 macetes para fazer o estudo render mais". Vejamos:

1) Descubra em qual período do dia você rende mais (manhã, tarde ou noite) e use-o para estudar a matéria mais complicada para você.

Uma boa ideia é colocar as matérias mais difíceis ou das quais menos gosta logo no início do estudo diário. É nesse momento que estará mais descansado e, portanto, em regra mais concentrado. Outra vantagem é driblar a autossabotagem que te faz deixar a matéria complexa para outro dia – todos os dias!

2) Use o período do dia em que você rende menos para estudar a disciplina que mais lhe agrada.

Se você já está cansado e a concentração não está das melhores, é muito mais fácil estudar algo leve para você do que uma matéria que demanda mais atenção. Assim, as chances de deixar de estudar por cansaço ficam muito reduzidas.

3) Alterne matérias de leitura com matérias de cálculo.

O cérebro de ninguém suporta muitas horas seguidas de leitura. Ocorre uma **saturação** e a concentração é perdida. Se seu concurso só cobra matérias de leitura, procure alternar matérias bem diferentes uma da outra (ex.: Direito Civil seguido de Informática e Administração Pública e não Direito Civil seguido de Processo Civil). **O cérebro reage bem ao fator novidade.**

4) Alterne períodos de leitura com períodos de exercícios.

É muito mais fácil manter a concentração fazendo questões (por se tratar de uma atividade mais dinâmica) do que lendo. Dessa forma, para não "cansar" o cérebro, a melhor saída é alternar o estudo do que demanda mais (leitura) e menos esforço (questões) de concentração.

5) Não tente estudar tudo de uma vez (no caso de concursos com muitas disciplinas).

Há concursos com muitas matérias. 15, 18. O céu anda mesmo sendo o limite para os examinadores.

Se você está começando a estudar, colocar todas as matérias de vez no cronograma será um tiro no pé. Isso porque verá cada matéria poucas vezes na semana e, consequentemente, notará avanço muito lento em cada uma delas. Demorará muito tempo para terminar cada capítulo e as revisões ficarão espaçadas demais. A ansiedade vai bater por ter que lidar com tanto volume de informações diferentes de uma vez. Reterá muito pouco.

A solução? Quebre o seu edital em ciclos com grupos de disciplinas. Comece com as principais matérias (Ex.: Português, Direito Constitucional, Direito Administrativo e outras matérias do núcleo principal da sua prova).

Após concluir um grupo de matérias do seu concurso, coloque-as em "**modo manutenção**" (ou seja, com carga horária reduzida suficiente apenas para revisões). Com o tempo que "sobrou" em razão da redução da carga das matérias do ciclo um insira as matérias do ciclo dois.

Quebre o edital em quantos ciclos julgue necessário. Normalmente, para concursos com edital muito extenso, faço três ciclos.

6) Faça uma pausa de 10 a 15 minutos a cada 40 minutos a 1 hora de estudos. Levante-se e alongue-se um pouco. Saia do ambiente de estudos.

Depois de cerca de 1 hora de estudo a sua concentração já não estará mais a mesma. A pausa restaurará sua atenção.

7) Não estude a mesma disciplina por mais de 2 horas.

O cérebro cansa e você estuda menos concentrado. Consequentemente, avança mais devagar e retém menos do que lê.

8) Programe-se para, ao final de um capítulo, fazer ao menos 50 exercícios da banca do seu concurso sobre o tema estudado.

Quanto mais complexo o tema estudado, mais questões serão necessárias. O ideal é parar quando notar que a bateria se tornou repetitiva.

9) Se sua prova contempla discursivas ou teste físico, inclua a preparação para essas etapas em seu cronograma.

10) Determine a carga horária semanal de cada matéria com base no que diz o edital.

Para dividir quantas horas por semana destinará para cada disciplina leve em conta:

1. % dos pontos da prova que ela representa (leve em conta número de questões e peso da disciplina)

2. Volume da matéria (matérias que demandam a leitura de livros enormes ou cursos de PDF intermináveis devem ter maior carga horária)

3. Seu grau de facilidade ou dificuldade na matéria

4. Seu grau de conhecimento prévio da disciplina

11) Crie um cronograma que você conseguirá cumprir.

Um plano mirabolante, mas de execução impossível, só gera frustração e aumenta a vontade de desistir. É preciso que ao final do dia de estudos você experimente a sensação gostosa de **MISSÃO CUMPRIDA**. Essa sensação é um reforço positivo para seu cérebro que vai te motivar a continuar no dia seguinte.

12) Dica mais importante: CUMPRA SEU CRONOGRAMA, FAÇA CHUVA OU FAÇA SOL.

ESTUDO POR CICLOS

Está mais do que comprovado pelos relatos de aprovados que o estudo por ciclo é fundamental para o sucesso. Essa técnica consiste em trocar de matéria depois de um certo tempo de estudo (de 1 hora a 1h30) e estudar mais de uma disciplina de uma vez.

Iniciar uma matéria e só parar de estudá-la após concluir tudo não faz sentido. Isso porque você faria o mesmo processo com todas as matérias e acabaria por ficar meses sem ver as disciplinas concluídas, o que levaria ao quase total esquecimento do que foi estudado. Você estaria cavando buracos na água, meu amigo.

É preciso ver tudo e ver sempre, para não perder o que foi duramente aprendido.

Como organizar o estudo por ciclos?

Temos duas opções:

1. CRONOGRAMA POR CICLOS FIXO
2. CRONOGRAMA POR CICLOS MÓVEL

CRONOGRAMA POR CICLOS FIXO

Se sua rotina é previsível e você sempre consegue estudar na mesma hora e com a mesma carga horária diariamente, o melhor para você é o cronograma fixo. Veja um exemplo:

Obs.: DCO = Direito Constitucional / RL = raciocínio Lógico / DA = Direito Constitucional / ING = Inglês / ADM G = Administração Geral / PORT = Português / INFO = Informática

	SEG	TER	QUA	QUI	SEX
8 às 9h30	DCO	DA	DCO	DA	DCO
9h45 às11h45	RL	INFO	RL	INFO	RL
13h30 às15h00	ING	ADM G	ING	ADM G	ING

	SEG	TER	QUA	QUI	SEX
15h00 às16h30	ADM G	PORT	INFO	PORT	DA
17h30 às18h30	academia	academia	academia	academia	academia
Noite	LIVRE	LIVRE	LIVRE	LIVRE	LIVRE

	SÁBADO	DOMINGO
9h45 11h45	DA	LIVRE
13h30 15h00	PORT	LIVRE
15h00 16h30	ADM G	LIVRE

Esse tipo de cronograma reduz a zero o número de decisões de horário de estudo a tomar no dia. Um problema a menos!

CRONOGRAMA POR CICLOS MÓVEL

Se para você um dia é muito diferente do outro e fica impossível saber de antemão quanto tempo e que horas conseguirá estudar em um dia, o ciclo móvel é indicado. Nele, você fixa o tempo de estudo de cada disciplina, mas não fixa o dia/hora. Veja o exemplo:

Vamos imaginar que seu ciclo comece com Português. Se na segunda-feira você só conseguiu estudar 30 minutos, verá 30 minutos de Português. Se na terça teve 3 horas disponíveis, deverá finalizar os 30 minutos de Português, estudará 1h30 de D. Constitucional e, em seguida, 1 hora de D. Administrativo. Simples, né?

A IMPORTÂNCIA DE CONFIAR NO PLANO DE ESTUDOS

Além de ter um cronograma, é preciso que confie plenamente nele. Quando você não confia no que foi estipulado, tende a se sentir desmotivado e a parar para "organizar" os estudos muitas vezes. Muda o material, o método e os horários. Joga as matérias em que tem dificuldade para um amanhã que nunca chega. Fica preso ao famoso "afiar o machado", sem, no entanto, estudar de fato. Caso não consiga criar um sistema que faça sentido, procure um coach para auxiliá-lo.

QUAIS SÃO AS MATÉRIAS BÁSICAS PARA A MAIORIA DOS CONCURSOS?

Em regra, são: **Português, Informática, Raciocínio Lógico, Direito Administrativo e Direito Constitucional**. Se você está começando e ainda não definiu seu foco, uma boa pedida é montar seu cronograma com essas disciplinas.

QUANTAS DISCIPLINAS COLOCAR NO CRONOGRAMA?

Depende da quantidade de horas que tem para estudar. Em regra, indico de quatro a cinco para quem tem o dia todo livre. Para calcular quantas disciplinas devem ser estudadas por dia, divida o tempo em blocos de 1h30. Exemplo: se tiver 3 horas livres por dia, estudará duas disciplinas por 1h30 cada.

CRONOGRAMA COM EDITAL NA PRAÇA X CRONOGRAMA SEM EDITAL NA PRAÇA

Encontre o equilíbrio entre dar o seu melhor e guardar forças para o *sprint* final pós-edital. Para isso, antes da publicação, reserve um tempo no final de semana para se desligar completamente dos estudos. Durante a semana, cumpra com disciplina monástica o seu planejamento.

MATERIAL DE ESTUDOS

Para quem está começando os estudos para concurso ou mesmo para os veteranos que estão iniciando uma disciplina nova, escolher o melhor material pode ser uma tarefa complicada. São muitas as opções de autores, livros, PDFs, videoaulas e sites de questões. Além da dúvida, há a questão financeira. Concurseiro não costuma ter uma verba elevada para adquirir materiais. A boa notícia é que gastos vultosos não são necessários.

Tenha apenas um material principal (para estudo da teoria) para cada disciplina. Estudar por várias fontes diferentes estressa, confunde, dificulta a memorização, gera um enorme gasto financeiro e de tempo. O retorno é pífio.

Escolha **livros** específicos para concursos de editoras conceituadas (ex.: Foco, Gen, Impetus, Campus, Juspodivm...) ou compre **PDFs** de professores conhecidos. No caso do PDF, sempre baixe a aula demonstrativa do curso antes de adquirir. Por ela, já é possível ter uma boa noção não só da qualidade do professor, mas também da organização do material e se a didática dele funciona para você.

As **videoaulas** devem ser usadas de maneira pontual. Elas demandam muito tempo (que o concurseiro nunca tem) para serem assistidas e não são tão boas quanto ao PDF ou livro no que diz respeito à retenção do conteúdo. Isso porque são uma forma passiva de estudo. Por outro lado, são maravilhosas nas matérias em que o aluno sente dificuldade e podem adiantar os estudos se bem utilizadas. **Use-as como suporte (nunca como material principal. A leitura de cada tema é inegociável) apenas nos pontos da matéria em que você sinta dificuldade.**

GESTÃO DO ESTUDO – MÉTODO MENTE CONCURSEIRA

O método que apresento neste livro que já venho usando com muito sucesso com meus coachees apoia-se em quatro pilares:

LEITURA DA TEORIA + GRIFOS + ESQUEMAS	QUESTÕES COMENTADAS + CADERNO DE ERROS
SISTEMA TRIPLO DE REVISÃO	METAS DE VOLUME

LEITURA DA TEORIA + GRIFOS E ESQUEMAS

Comece seu estudo lendo toda a teoria e fazendo grifos, criando mnemônicos e fazendo pequenos mapas mentais. **Pense em como tornar sua próxima leitura do tema mais fácil e rápida.**

COMO GRIFAR COM QUALIDADE E PRECISÃO?

Quem grifa tudo, não destaca nada. Apesar de você sentir um grande conforto mental quando grifa (parece que você não vai esquecer nunca mais, né?), o excesso é um grande problema. E a maioria dos concurseiros comete o pecado de grifar demais.

Saber grifar ajuda na retenção do conteúdo, acelera as revisões e faz com que elas sejam sucintas e completas ao mesmo tempo. **Resumindo: grifar mal é um tiro no pé.**

Daí você me pergunta: **como grifar bem se estou começando a ler sobre o assunto e ainda não sei o que é importante?**

Eu tenho três dicas matadoras para você:

> **1 – No primeiro contato com a matéria, grife à lápis.**

Eu concordo com você. É realmente muito difícil ter uma boa noção do que é relevante dentro de um assunto novo. A capacidade de discernir entre o que merece ou não seu grifo vem após algumas leituras e muitas questões. Sendo assim, grife à lápis e só quando estiver seguro do que destacar coloque seu marca-texto para jogo. Verá que grifou demais da primeira vez.

> **2 – Leia um bom volume antes de grifar.**

Não leia uma frase e decida se vai grifá-la ou não. Pense comigo: uma informação só é relevante em comparação com as demais. Dessa forma, tenha uma boa dose de informação antes de decidir o que destacar.

"Uma boa dose de informação??? Quanto é isso EXATAMENTE?"

Dentro de cada capítulo ou aula em PDF há vários tópicos, certo? São subdivisões do assunto que você está estudando. Leia um tópico inteiro e só então grife. Assim, você terá uma boa base de dados para comparar e definir o que explica/resume melhor o tema lido.

"E se o tal do tópico tiver muuuuuitas páginas?"

Nesse caso, leia cerca de duas páginas antes de grifar (à lápis no começo, viu?).

> **3 – Grife apenas o nome do conceito e as palavras-chave que o explicam.**

Nada de grifar parágrafos ou frases inteiras. Grife apenas o que realmente importa.

Exemplo: se você está estudando a Eficácia das Normas Constitucionais, quais são as três palavras mágicas que merecem destaque? Plena, contida e limitada! Essas precisam estar bem evidentes para você. As palavras-chave que explicam esses conceitos também merecem destaque.

DICA DENTRO DA DICA: Grife o nome do conceito cobrindo toda a palavra. Vire o marca-texto e use a pontinha dele para sublinhar (não cobrir a palavra toda) as palavras-chave que explicam o conceito.

Assim, quando voltar à página, conseguirá visualizar rapidamente quais temas precisa recordar (conceitos) e seus pontos centrais (parte sublinhada). Tudo sem poluição visual que confunde e dificulta a retenção do conteúdo.

> *"Última dúvida, Gabi: preciso ter várias cores diferentes de marca-texto? Uma para súmulas; uma para palavras como não e exceto; outra para prazos; uma para exemplos...?*

Faça o que funciona para você. **Apenas tome dois cuidados:**

1. **Não tornar a gestão do seu estudo mais complexa do que a matéria.** Se você precisa consultar anotações para lembrar qual a função de cada cor de marca-texto, o propósito foi perdido.

2. **Não acabe grifando demais por categorizar os destaques.** Grife o mesmo tanto que faria se usasse apenas uma cor.

**Assista ao meu vídeo
"Como grifar?"**

https://youtu.be/EXnL6Ams0SE

QUESTÕES COMENTADAS
+ CADERNO DE ERROS

Já conversamos sobre a importância de fazer muitas questões da sua banca e onde encontrá-las, certo? Agora vamos nos aprofundar no assunto.

Preciso que aprendam dois conceitos fundamentais para seus estudos:

- **Input**
- **Output**

INPUT consiste em colocar as informações dentro da cabeça. São exemplos de INPUT ler seu material em PDF/livro e assistir às videoaulas.

Quando resolvemos questões, fazemos **OUTPUT** de dados. O que aprendemos é colocado no papel. Agora vem o puxão de orelha: você precisa aproveitar as questões para também fazer INPUT! Siiiim! Quando você faz questões e apenas as corrige (ou seja, não estuda os erros), foca apenas no OUTPUT. De forma bem direta, você não aprende nada novo. Apenas reforça e automatiza as informações que já tinha. Isso é muito legal, mas não é suficiente.

COMO ESTUDAR OS ERROS

Sempre peço para meus coachees fazerem o CADERNO DE ERROS. Atenção que agora eu estou passando o "bizu dos bizus", hein!

Depois que resolver uma bateria de questões e corrigi-las, volte ao que errou (e também às questões que acertou parte pelo conhecimento e parte por um empurrãozinho da sorte). Estude-as. Leia os comentários dos professores. Em seguida, monte o caderno de erros.

OPÇÃO 1

1. Abra um arquivo de Word para cada matéria.
2. Dentro de cada matéria coloque o nome do capítulo estudado.
3. Com um rápido CTRL C + CTRL V coloque a assertiva problemática no caderno.
4. Se havia um erro nela que você não notou na hora de resolver a questão, corrija-o para colocar no caderno. Nada de assertiva errada ali para não te confundir.
5. Grife o trecho da assertiva que te complicou na hora da resolução. Meses depois de resolvida a questão, é possível que você não lembre do que foi difícil para você. E essa informação vale ouro.
6. Nada de colocar a questão inteira. O caderno deve ser basicamente uma lista de assertivas para ser eficiente na sua revisão final.

OPÇÃO 2

Outra forma de montar o caderno de erros é marcando no PDF impresso todos as questões complexas e densas de informação e grifando os comentários como você grifa a teoria. Assim, poderá voltar nelas e revisar rapidamente perto da sua prova.

Eu gosto mais de primeira opção. O caderno de erros no Word será, ao final do estudo de todo o curso em PDF, um verdadeiro mapa das suas deficiências naquela disciplina. Mais assertivo e pessoal não dá para ficar (já que o caderno de erros de um candidato nunca será idêntico ao do outro). Se você usar a opção dois, sua lista de deficiências estará pulverizada em muitas páginas, dificultando a memorização.

E o que fazer com o caderno depois de montado?

Usá-lo nas revisões cumulativas (explicada a seguir) e nos 15 dias antes da sua prova. Pertinho do Dia D, reserve um tempo diariamente para ler o caderno. Notará seu percentual de acerto subir velozmente, junto com sua confiança.

Quantidade de INPUT e OUTPUT: o equilíbrio necessário

Quanto mais novato na disciplina, maior deve ser o INPUT. Afinal, como fará questões de temas que não conhece? Notará que gastará cerca de 80% do seu tempo com INPUT. O desafio aqui é reter.

Já para quem está na fase de manutenção em uma matéria (em outras palavras, está só revisando), o percentual se inverte: 80% de OUTPUT e 20% de INPUT. Isso ocorre porque nessa fase o desafio não é reter. Isso você já fez. O grande fator complicador é manter tudo aceso na mente. O OUTPUT resolve esse problema.

Obs.: os valores apresentados são uma média, ok?

"Então porque não só fazer OUTPUT na reta final"?

Porque você fatalmente vai cruzar com alguma informação nova enquanto fizer aquele monte de questões. E essas novidades não devem ser ignoradas. Fará com elas o processo de INPUT de dados.

É crucial manter a leitura da lei seca. Pode ser que alguns artigos não sejam contemplados nas questões e, por isso, é prudente continuar relendo a lei na íntegra. Esse é o momento do INPUT.

Só INPUT ou só OUTPUT o dia inteiro saturam a mente. O ideal é mesclar nas proporções citadas para um melhor aproveitamento.

SISTEMA TRIPLO DE REVISÕES

Em regra, a maior dificuldade do concurseiro não é compreender o conteúdo das disciplinas, mas sim lidar com o enorme volume de informações. São frequentes as reclamações de esquecimento das matérias. Relatos de que "só acredito que já estudei essa matéria porque o resumo está com a minha letra" não são raros. Mas afinal, qual é a razão de tanto esquecimento?

Simples! Há muita ânsia por parte do aluno em cobrir todo o conteúdo do edital e finalizar o estudo de PDFs e livros. Na pressa, o concurseiro deixa de lado as revisões. Há falta de planejamento e definição de periodicidade.

Eu ensino aos meus coachees um sistema de três (sim, três!) revisões a serem realizadas SIMULTANEAMENTE (sim, simultaneamente!). Esse sistema cria uma verdadeira roda-viva de matérias que permite que o aluno avance sem esquecer o conteúdo estudado anteriormente. Esse é o grande desafio que superamos com nosso sistema. Vejamos:

REVISÃO DO FIO DA MEADA

Um capítulo ou aula em PDF costuma ter um conteúdo extenso. Esse volume todo dificilmente é estudado de uma vez pelo aluno. Dessa forma, um assunto leva dias para ser finalizado.

Cada vez que chegar o horário de estudar aquela disciplina, você terá que retomar o material de onde havia parado e dar prosseguimento. Mas antes é legal rever o que foi lido da última vez para "pegar o fio da meada" e dar andamento à parte nova com mais facilidade.

Para isso, reserve os **15 minutos iniciais** do horário de estudo de cada disciplina para ler os grifos e o trecho da lei seca correspondente ao que já havia sido estudado na aula ou capítulo em questão.

ATENÇÃO!
Essa revisão só deve ser feita quando você retomar em outro dia uma Aula em PDF ou capítulo de livro. Se está começando um tema novo, não cabe a revisão do fio da meada..

"DECOREBA EM DOSES HOMEOPÁTICAS"

Reserve os **15 minutos finais** do horário de estudo de cada disciplina para tentar memorizar (ou seja, ler e reler os grifos e o trecho da lei seca correspondente) o que foi estudado durante o avanço de uma hora que você fez naquele dia na matéria. Decorar a lei seca e conceitos mais relevantes acerca do tema lido é fundamental.

Resumindo a distribuição da sua 1h30 de estudo por matéria:

15 min FIO DA MEADA	1 hora AVANÇO Matéria nova Grifos Mapas mentais	15 min DECOREBA EM DOSES HOMEOPÁTICAS

ATENÇÃO!
Quanto mais você avançar na aula, mais tempo o seu Fio da Meada tende a durar. Afinal, quanto mais para o final da aula ou capítulo, mais conteúdo terá para rever. Procure não exceder 30 minutos na sua revisão Fio da Meada. Já em aulas com grande carga de lei seca ou conceitos a serem memorizados, é a Decoreba em Doses Homeopáticas que tende a durar mais. Depois de concluído o Fio da Meada, em aulas com grande volume a ser decorado, procure dividir seu tempo restante metade no avanço e metade na Decoreba em Doses Homeopáticas.

LEMBRE-SE: a divisão de tempo sugerida é apenas um BALIZADOR.

REVISÃO CUMULATIVA

Essa revisão é nosso grande "pulo do gato"! Sim, porque a maior dificuldade costuma ser revisar os conteúdos já finalizados, não é? Para continuar com os temas estudados frescos na cabeça de forma eficiente e simples, sugiro que revise a cada dois capítulos/aulas TODO o conteúdo visto previamente. **Sim, você deverá ver tudo desde o início do livro ou curso em PDF.** Se o material de cada aula for curtinho, pode revisar de três em três capítulos/aulas.

Exemplo: se você terminou a Aula 1, reveja as aulas 0 e 1. Terminou a 3? Reveja tudo da Aula 0 a Aula 3.

Você deverá usar o horário da própria disciplina em seu cronograma para fazer a Revisão Cumulativa. Use quantos blocos de 1h30 precisar para concluir sua revisão. Quanto mais capítulos/PDFs a serem vistos, mais blocos de 1h30 você tende a gastar. Nas suas primeiras revisões, se você conseguir revisar um capítulo ou PDF completo em 1h30, está excelente. Note que você já terá reduzido enormemente o tempo de estudo. Afinal, quantos blocos de 1h30 você usou para terminar aquele capítulo/PDF na primeira vez (leituras + grifos + lei seca correspondente + questões + caderno de erros)? Vários, né? Imagine rever tudo em apenas um bloco? Olha que velocidade já ganhou! :)

Com o tempo, você vai conseguir ver de dois a três capítulos/PDFs por bloco de 1h30.

Atenção:

Na Revisão Cumulativa, você não vai reestudar todo o capítulo/ PDF. Apenas releia seus grifos, a lei seca e os cadernos de erros correspondentes, ok?

Nas disciplinas de exatas, sua revisão cumulativa deve ser resolver novamente as melhores questões dos capítulos/ aulas anteriores. Selecione ao menos 15 questões de cada.

Para aprender a revisar as disciplinas de Português e Inglês, leia o capítulo "Como estudar cada disciplina".

Vai demorar mais para você chegar ao final do material? Sem dúvida! Você vai reclamar de esquecimento? Dificilmente. No final das contas, vai economizar muito tempo. Ao trabalhar forte nas revisões, evitará o retrabalho (atividade demorada consequente do estudo ineficiente).

**Assista aos meus vídeos
"Tudo sobre Revisões – Parte I"
e "Tudo sobre Revisões – Parte II"**

https://youtu.be/ej3Hu_9B2jM

https://youtu.be/Bjkdg7kLA9Q

METAS DE VOLUME

Se você não tem um plano, uma meta para bater, está em voo cego. Sem rota, não se chega ao destino.

Já percebeu que quando tem edital na praça o seu grau de empenho aumenta e você sabe exatamente quanto deve estudar por dia? **Isso ocorre porque o edital cria para você metas de volume!** Você precisa ver todo aquele conteúdo em cerca de dois meses.

É sempre necessário que saiba com precisão se está atrasado ou adiantado em alguma matéria. Quando vai terminar cada item do edital? Quando terá visto tudo e estará pronto para a prova? Vai dar tempo de ver tudo? Se não, o que ficará de fora e o que será priorizado? Você precisa ter resposta para todas essas perguntas!

COMO FAZER?

No seu cotidiano de estudo, determine **metas mensais de volume** a ser estudado em cada disciplina.

Vamos a um exemplo: suponha que você tenha quatro matérias em seu concurso. Direito Administrativo, Direito Constitucional, Português e Informática. Imagine que precisa estudar oito capítulos de Direito Administrativo, dez de Direito Constitucional, sete de Português e seis Informática. Depois de criar um cronograma reservando mais carga horária semanal para as matérias maiores e mais complexas, crie as metas de volume.

Se você começou a estudar em abril e quer terminar tudo no fim de junho:

Abril

DISCIPLINA	NÚMERO DE CAPÍTULOS A ESTUDAR
Direito Administrativo	Cap. 1, 2 e 3
Direito Constitucional	Cap. 1, 2 e 3
Português	Cap. 1 e 2
Informática	Cap. 1 e 2

Maio

DISCIPLINA	NÚMERO DE CAPÍTULOS A ESTUDAR
Direito Administrativo	Cap. 4, 5 e 6
Direito Constitucional	Cap. 4, 5, 6 e 7
Português	Cap. 3, 4 e 5
Informática	Cap. 3 e 4

Junho

DISCIPLINA	NÚMERO DE CAPÍTULOS A ESTUDAR
Direito Administrativo	Cap. 7 e 8 **FINALIZADA**
Direito Constitucional	Cap. 8, 9 e 10 **FINALIZADA**
Português	Cap. 6 e 7 **FINALIZADA**
Informática	Cap. 5 e 6 **FINALIZADA**

ATENÇÃO!
Observe sua velocidade média de estudo de cada capítulo (leitura, grifos, mapas mentais, questões e caderno de erros) e das revisões para criar **METAS REALISTAS**!

**Metas de volume dão sensação de controle e organização.
O concurseiro ansioso se acalma e o "descansado" sente a pressão.
Bom para todo mundo!**

**Assista ao meu vídeo
"Metas de Volume"**

https://youtu.be/cl8KfZ2wUiI

ESTUDO ATIVO X ESTUDO PASSIVO

ESTUDO ATIVO: Você age. Ex.: resolução de questões e ensinar alguém.

ESTUDO PASSIVO: Você só "recebe". Ex.: assistir às videoaulas.

É espantosa a quantidade de alunos que opta apenas pelo estudo passivo. Isso acontece porque esse tipo de estudo tem duas características que muita gente ama:

1 – Cansa menos

2 – Dá a – normalmente falsa – impressão de que você aprendeu tudo

Alguns alunos passam ANOS estudando apenas por videoaulas. Resultado? Nada da aprovação. Uma boa preparação demanda o equilíbrio entre estudo ativo e passivo.

VIDEOAULAS: COMO USAR?

As videoaulas são sim MUITO ÚTEIS se usadas com sabedoria.

Assista às videoaulas em duas situações:

1 – Para "quebrar o gelo" com uma matéria nova e que você esteja tendo dificuldade desde o início do estudo do assunto.

2 – Para te desagarrar em pontos complicados ao longo do curso.

Ex.: você estava seguindo alegremente pelo seu PDF e tudo estava correndo bem. De repente, você começa uma aula que está atipicamente complicada. Assista a uma videoaula sobre o tema para agilizar seu estudo do PDF. Note que você gastaria mais tempo quebrando a cabeça para entender o PDF do que fazer o combo PDF + videoaula. Nesse caso, vale a pena usar o combo.

Indico, portanto, um USO PONTUAL das videoaulas.

Os PDFs já possuem todo o conteúdo que você precisa dominar para arrasar nas provas. Assistir às videoaulas de algo que você consegue aprender no PDF é como um retrabalho. É bom para fixar, mas toma tempo demais. Seu foco deve ser o material escrito (completo e mais rápido de estudar).

Use-as com moderação.

RESOLUÇÃO DE QUESTÕES

Não raro vocês me perguntam se é melhor concluir todo o curso em PDF/todo o livro para então resolver questões.

A resposta é sempre **NÃO**! Resolva questões desde o início da sua vida de concurseiro.

A motivação da pergunta quase nunca é uma dúvida real. É o aluno querendo a minha validação para que ele aja de acordo com o PAVOR que ele tem de resolver as questões e perceber que não entendeu foi nada e que ainda está muito longe da aprovação. Não posso fazer isso com vocês!

Como superar o medo de resolver as questões?

Quando eu tinha uns sete anos cismei que tinha um fantasma debaixo da minha cama. Toda noite era um tormento. Eu fiquei refém do medo. Um dia eu cansei de viver assim. Eu SABIA que não tinha nada, mas o medo confundia meus pensamentos. Um dia, no meio de noite, levantei e deitei EMBAIXO DA CAMA por alguns minutos. **TERAPIA DE CHOQUE!** Depois de um tempinho vi como estava sendo boba por estar com medo, deitei na cama de novo e nunca mais pensei no fantasma. Foi uma libertação!

Conclusão: está com medo das questões? A sensação não vai passar enquanto você não usar o **"método da exposição"**. Coloque-se cara a cara com o medo. Só assim você terá sossego mental.

Arranque o band-aid de uma vez, amigo! Estude toda a aula (não o curso todo!) e, ao final, resolva uma gordinha bateria de questões sobre o tema. Nada como um percentual ruim para ligar o alerta de que algo não ficou claro. Nada como um percentual bom para dar confiança. De qualquer forma, você lucra!

ENSINE

Quando estamos lendo (ou vendo videoaulas), normalmente concordamos com o que o professor escreve/diz e vamos tocando a matéria. Se há alguma dificuldade nessa fase, pode passar despercebida.

Para evitar descobrir que sua compreensão não foi lá das melhores só quando terminar a aula e começar as questões, opte por dividir a teoria em blocos e a cada etapa concluída pare e dê uma aula sobre o que leu. Para quem? Para as paredes, para seu cachorro... tanto faz. Nossa capacidade cognitiva é MUITO MAIS exigida quando ensinamos algo (fale em voz alta, ok? Como uma aula mesmo!) do que quando lemos ou ouvimos a matéria. Trata-se de um estudo bastante ATIVO (bem mais eficiente do que o estudo passivo).

Qualquer deficiência no entendimento e retenção do conteúdo ficará bastante perceptível quando começar a falar e, de repente, não conseguir continuar. "Poxa... mas eu jurava que havia entendido tão bem!". Quem nunca? Melhor saber o quanto antes que o assunto não estava tão claro/fixo na mente como parecia.

Já começou a estudar seu PDF e lá pelo meio de uma aula looonga você "travou"? O assunto não fica confuso do nada. Isso ocorre – em regra – quando a retenção e o entendimento foram fracos desde o início da aula e você não notou. Em determinado momento, você precisou das informações anteriores para seguir adiante. Como dúvidas e inconsistências se acumularam ao longo da aula, na hora de fazer uso do que foi aprendido, a "bola de neve da compreensão parcial" te atropelou. **Quando isso acontecer, experimente estudar o PDF em blocos e se dê uma aula a cada bloco concluído. Tudo vai clarear.**

COMO ESTUDAR CADA TIPO DE MATÉRIA

PORTUGUÊS

O estudo da gramática de língua portuguesa pode ser um verdadeiro "**buraco negro**". O aluno estuda um material amplo, cheio de regras e exceções, gasta muitas horas e não vê grande diferença em seu percentual de acerto. A disciplina é, sem dúvida, de suma importância para qualquer certame. **São muitos os concursos que atribuem pontuação elevada à Português.**

Depois de atender muitos alunos relatando o mesmo problema em estudar a disciplina, criei um método de estudo mais eficiente do que seguir o livro ou PDF de ponta a ponta.

1 – Vá ao site www.pciconcursos.com.br e imprima uma prova de Português na íntegra. O acesso é gratuito.

ATENÇÃO!
Não adianta pegar uma prova sem os comentários para estudar depois, ok? Certifique-se de que tem esses comentários antes de começar. Cheque no Google se encontra essa prova comentada em algum site de cursinho. Outra opção é buscar os comentários em sites de questões, como QConcursos e TEC Concursos.

2 – Resolva toda a prova.

3 – Corrija a prova.

4 – **Identifique os temas que errou** (Regência? Concordância? Pontuação? Interpretação de texto?).

5 – Vá ao seu material de Português (nada de gramática de nível superior. É fundamental ter um material voltado para concursos para agilizar o estudo) **e estude todo o capítulo referente às questões er-**

radas. Não estude só o ponto dentro do capítulo que errou. Estude o assunto inteiro.

Dica dentro da dica: tenha a prova que resolveu já comentada por um professor (veja se no seu material de estudo tem a prova comentada ou procure-a em sites de questões comentadas por professores). Isso vai te ajudar a identificar o que errou e como não errar novamente de modo mais pontual.

6 – Entenda o motivo do erro e anote a explicação na questão da prova impressa.

7 – Faça isso com todas as questões.

8 – Guarde a prova.

9 – Repita o procedimento com outras provas.

10 – Duas semanas antes do seu certame, pare de fazer provas e releia todos os comentários que fez nas provas anteriores e que foram guardadas.

Esse método evita que você gaste tempo estudando o que já "tira de letra", torna o estudo da disciplina mais dinâmico, favorece o entendimento e memorização dos temas em que esteja fraco (a gente nunca esquece uma questão perdida!) e gera um aumento mais rápido no percentual de acerto.

Trata-se de um método de estudo que segue o princípio da **Dose Mínima Eficaz**: o mínimo de esforço para alcançar o resultado pretendido.

INGLÊS

Assim como Português, o estudo é estilo "buraco negro", não tem fim e o percentual de acerto demora a dar sinais de melhora.

Além de Coach, sou professora de Inglês há mais de dez anos. Por isso, vou me estender um pouco nesse tópico, ok?

Interpretação de texto

TODAS as bancas priorizam muito a interpretação de texto. Eu diria que – em média – de 50% da prova apresenta essa cobrança. Ufa, que alívio, né? Não! As bancas misturam outros tópicos dentro da interpretação. Siiiiim! Prepare-se para isso.

COMO ESTUDAR CADA TIPO DE MATÉRIA **65**

É que para interpretar corretamente o texto, além de possuir um robusto vocabulário, você precisa entender pelo menos um pouco de gramática. Sabemos que uma palavrinha pode mudar totalmente o sentido de uma frase. Essa palavra pode ser um conectivo, quantificador, um modal (todos temas estudados na gramática)... Sem esse conhecimento, não vai dar para deduzir pelo contexto! Eles podem cobrar também um entendimento sobre quais fatos ocorreram antes e depois de certo marco temporal. Daí, meu povo, você vai precisar contar com seus conhecimentos dos temidos tempos verbais.

Mesmo que em seu edital conste apenas "Interpretação de Textos", seja prudente e estude também a gramática. Creia... você vai precisar!

E nem adianta chorar depois pedindo anulação em razão do tema cobrado ser de gramática e não constar no edital. Como vai estar misturado com a interpretação, não vai ter choro, nem vela.

Vocabulário técnico

Se tem uma coisa que o concurseiro erra é em achar que já sabe alguma matéria. Isso costuma acontecer com Português, Inglês e Espanhol. Não subestime matéria nenhuma!

Mesmo que você fale Inglês razoavelmente e até se vire no exterior, você PRECISA se preparar para uma prova de concurso. Isso porque não aprendemos em cursos de inglês convencionais, conversas cotidianas ou assistindo às nossas séries favoritas o tal do vocabulário técnico. Essa é a grande casca de banana para qualquer concurseiro! Cuidado!

> **DICA:** É indispensável que tenha um material 100% traduzido e comentado. Isso vai acelerar bastante o seu estudo.

O que é isso?

A banca vai colocar na sua prova textos que tenham tudo a ver com o cargo que você pretende ocupar.

Vai fazer prova de Fisco? Tem que conhecer o vocabulário técnico de economia. Income tax, rate, taxpayers, IRS, GDP, stocks, bonds, trade barriers, revenue.

Vai fazer prova para o Legislativo? É preciso compreender bem textos sobre política. Sabe o que é ballot, term, Lower House, lawmakers, officials, party (não é festa!)?

Seu sonho é a Petrobrás? Não dá para fazer prova sem saber o que é oil rig, crude oil, barrel, coal, carbon emissions...

Se você teve dificuldades com as palavras citadas, Houston, we have a problem! Mas relaxa que é só estudar direitinho que você aprende.

Pegadinha dentro da pegadinha

Os textos são, em regra, retirados de reportagens. Nada nesse mundo acontece isoladamente. Política, economia, meio ambiente... uma área influencia a outra. Sendo assim, um texto de economia provavelmente tratará de política e vice-versa. Além disso, nada impede que a banca explore um texto sobre como o meio ambiente é prejudicado por determinadas medidas econômicas e comerciais. Pronto! Quem não souber o que significa greenhouse gas, global warming, drought, flood, waste e similares estará frito!

Mas Gabi, como vou aprender TODAS as palavras de outro idioma???? Não sei nem do meu!

Realmente, não dá para saber tudo mesmo. Agora vem a boa notícia: dá para arrasar na prova sabendo bastante (não tudo)!

Verbos frasais e expressões idiomáticas

Conte, em regra, com pelo menos uma questão sobre esses temas.

Phrasal verbs (verbos frasais) são verbos que – acompanhados de preposição – costumam ter seu sentido alterado. É preciso conhecer caso a caso. Normalmente não dá para traduzir o verbo + traduzir a preposição para então compreender o verbo frasal.

Quer um exemplo? Vejamos o verbo frasal TO BRING ABOUT:

TO BRING: TRAZER

ABOUT: SOBRE

TO BRING ABOUT: ACARRETAR

COMO ESTUDAR CADA TIPO DE MATÉRIA   67

Já as expressões idiomáticas seguem a mesma lógica que temos em nosso idioma... ou seja: também é preciso conhecer caso a caso. Pode ser que a tradução ao pé da letra de todas as palavras que compõem a expressão resolva. Pode ser que não!

Exemplo: It is raining cats and dogs = Está chovendo muito (e não "Está chovendo gatos e cães").

As bancas AMAM esses assuntos em razão do potencial de pegadinha que apresentam!

De onde as bancas retiram os textos das provas

De nada adianta estudarmos textos com vocabulário corriqueiro se na prova o texto apresentará palavras mais complexas. As fontes queridinhas das bancas são jornais e revistas como The Economist, Washington Post, The NY Times, Businessweek, entre outros.

Acostume-se com esse nível de vocabulário. Hora de prova não é hora de tomar susto! Tome esse baque no conforto do seu lar e enquanto há tempo para resolver qualquer ponto fraco.

Gramática

Para a alegria geral de vocês, as bancas exploram bem pouco questões exclusivamente de gramática! Ueba!

Diria que em apenas 20% da prova. Há provas em que não encontramos uma só questão que trate especificamente de algum tema gramatical. E te digo mais: os temas escolhidos quase sempre são os mesmos. Seguem três principais:

1. MODAIS

2. CONECTIVOS

3. PRONOMES (não há pergunta detalhada. A banca vai querer saber qual nome o pronome usado está substituindo)

Os três são assuntos pequenos. Um quadro-resumo já resolve para matar questões. Excelente custo X benefício (tempo gasto para estudar X chance de pontuar na prova)!

Como interpretar o que pede o edital

As bancas costumam, ano após ano, repetir o edital de Inglês. Tanto que já até podemos adivinhar o que nos espera:

Edital padrão Cespe:

1 Compreensão de textos em língua inglesa.

2 Itens gramaticais relevantes para a compreensão dos conteúdos semânticos.

Gabi, você indica algum dicionário online bom e grátis?

Michaelis é legal para quem ainda não consegue se virar com um dicionário Inglês-Inglês.

Se você está mais avançado, vá de MacMillan.

Posso aproveitar meu material da banca x para a banca y?

Claro! Em termos de vocabulário, tudo pode ser aproveitado. Contudo, faça muitas questões da SUA banca para conhecer particularidades. As provas de Inglês são muito padronizadas e mudam pouquíssimo ao longo dos anos. Faça umas 10 provas da sua banca e você já saberá direitinho o que esperar (formato das questões, quantidade de textos, grau de dificuldade, temas favoritos).

Passo a passo

1 - Vá ao site www.pciconcursos.com.br e imprima uma prova na íntegra. Certifique-se de ter essa prova comentada para conseguir entender seus erros.

Obs.: Tanto em Inglês como em Português, o aluno precisa voltar ao texto várias vezes para resolver as questões. Muitas vezes, grifos nas palavras ou trechos pedidos nas questões aceleram a realização da prova. Por isso, imprimir as provas é importante.

2 – Leia o texto e tente resolver a prova. Não veja nenhuma tradução.

3 – Corrija a prova.

4 – Estude o texto. Leia um parágrafo em Inglês e depois em Português. Faça isso com todos os parágrafos... VÁRIAS VEZES!

5 – Grife as palavras que desconhece.

6 – Monte sua listinha de vocabulário técnico.

7 – Estude os erros da mesma forma ensinada para Português e faça comentários na prova.

8 – Guarde as provas para revisão da mesma forma ensinada para Português.

> ### DICA PARA PORTUGUÊS E INGLÊS
>
> **A quantidade de provas que irá resolver é infinitamente menos importante do que a qualidade do estudo.** Fazer questões e corrigir o gabarito não gera aprendizado e o consequente aumento do percentual de acerto. Serve apenas para consolidar o que já se sabe e aferir o que foi aprendido. **Dessa forma, quando o tempo é curto, optar por fazer menos provas e destrinchá-las por completo é mais inteligente do que bater metas de número de questões resolvidas.**

MATÉRIAS DE DIREITO OU QUE DEMANDAM MUITA LEITURA

Aqui o método de estudo é diferente, mais profundo e mais demorado. Segue mais um passo a passo:

1 – Estude a teoria e grife (ou faça resumo/mapas mentais/mnemônicos quando sentir necessidade).

2 – Revisão do Fio de Meada (15 minutos iniciais).

3 – Estudo de conteúdo novo (1 hora).

4 – Decoreba em doses homeopáticas (15 minutos finais).

5 – Resolução de questões.

6 – Estudo dos erros + caderno de erros.

7 – Anote as súmulas, entendimentos doutrinários, posições da banca e quaisquer outras informações relevantes que não constam no seu material mas que apareceram nas questões.

8 – Faça a Revisão Cumulativa.

DISCIPLINAS DE CÁLCULO

Se você já tiver um bom conhecimento da matéria, use a técnica empregada para Português (primeiro as questões sortidas e depois o estudo das dificuldades na teoria).

Caso desconheça a disciplina, siga a regra adotada para matérias de Direito (só não precisa reservar os minutos finais de estudo para a decoreba).

Mais do que nas outras disciplinas, no estudo de matérias de cálculo é preciso fazer muitas questões. A decoreba aqui é mínima e pode ser feita apenas com a resolução de questões, bem como as revisões.

TÉCNICAS DE RESUMO

Fazer ou não resumo? Fazer à mão, no computador, comprar um resumo pronto? Apenas grifar o material? E se resumir tomar tempo demais? São muitas as dúvidas sobre o tema e não há uma resposta que funcione para todos. **O ideal é que o candidato experimente as opções abaixo e descubra o que gera os melhores resultados no seu caso específico.**

MÉTODO	VANTAGENS	DESVANTAGENS
TEXTO À MÃO	Vários alunos consideram mais fácil memorizar um assunto quando o leem escrito com sua própria letra.	Muito demorado e cansativo. Pode gerar dores no punho. Dificuldade de fazer correções e atualizações. Texto corrido é péssimo para a memorização.
TEXTO NO COMPUTADOR	Rápido e fácil de editar.	Texto corrido é péssimo para a memorização.
MAPA MENTAL	À mão, no computador ou comprado, é excelente para facilitar a compreensão e acelerar a memorização.	Precisa ser bastante sucinto e pode acabar ficando incompleto.
GRIFOS	É o método mais rápido.	Como o aluno não cria o resumo, o índice de retenção tende a ser menor.
ÍNDICE COMENTADO	Rápido.	Precisa ser extremamente sucinto.

- **Entenda o Índice Comentado:**

> **CAPÍTULO 1**
> **DIREITO CONSTITUCIONAL E CONSTITUIÇÃO**
> 1. Origem e conteúdo do Direito Constitucional
>   1.1. Objeto do Direito Constitucional quanto ao foco de investigação
> 2. Constituição: noções iniciais, objeto e evolução
>   2.1. Constituição em sentido sociológico, político e jurídico
>   2.1.1. Constituição em sentido sociológico
>   2.1.2. Constituição em sentido político
>   2.1.3. Constituição em sentido jurídico
>   2.2. Constituição em sentido material e formal
> 3. Classificação das Constituições
>   3.1. Quanto à origem — promulgada / outorgada / pactuada
>   3.2. Quanto à forma — escrita não escrita
>   3.3. Quanto ao modo de elaboração — dogmática / histórica
>   3.4. Quanto ao conteúdo — formal / material
>   3.5. Quanto à estabilidade — imutável / rígida / semi-rígida / flexível
>   3.6. Quanto à correspondência com a realidade (critério ontológico)
>   3.7. Quanto à extensão

Índice retirado do livro Direito Constitucional Descomplicado, Vicente Paulo e Marcelo Alexandrino.

Assista ao meu vídeo "Técnicas de Resumo"

https://youtu.be/7u0AyI5AOyA

TÉCNICAS DE MEMORIZAÇÃO

Assim como os métodos de resumo, é preciso que o aluno teste as técnicas de memorização e encontre aquela com a qual nota mais resultados.

Combine os métodos para potencializar os efeitos. A escolha da técnica pode variar de disciplina para disciplina e até de capítulo para capítulo.

MÉTODO	VANTAGENS	DESVANTAGENS
Sucessivas releituras	1. Rápido.	1. Baixo índice de retenção (pode ser melhorado pela leitura em voz alta).
VISUALIZAÇÃO Fechar os olhos e lembrar da página do resumo onde estão os conceitos. Trabalha a memória fotográfica.	1. Rápido e pouco cansativo.	1. O aluno tende a se desconcentrar com mais facilidade.
DAR AULAS EM VOZ ALTA Explicar o tema para si mesmo ou para colegas.	1. Rápido. 2. Para explicar é preciso "ligar os pontos" da matéria. Ou seja, demanda concatenação de ideias. Com isso, a memorização fica menos entediante e mais eficiente. 3. Mais fácil de manter a concentração. 4. Esse método costuma apresentar alto nível de retenção para o aluno por ser ativo e demandar output.	1. Mais cansativo.
MNEMÔNICOS	1. Rápido e com alto índice de retenção.	1. Bem sucinto. Serve apenas para listas de palavras ou frases curtas a serem memorizadas.

PLANEJAMENTO DO DIA DA PROVA

Tudo que é muito importante para nós merece um caprichado planejamento para que possamos atingir um resultado excepcional. O estranho é que eu vejo um monte de gente planejando um churrasco com todo o esmero, mas para um dos dias mais importantes na vida do cara (com potencial de mudar TUDO para melhor) alguns não dão a menor bola! COMO ASSIM, BRASIL?????

Passar em um concurso é – por definição – um PROCESSO. O que é processo?

> Sequência contínua de fatos ou fenômenos que apresentam certa unidade ou se reproduzem com certa regularidade; andamento, desenvolvimento. Dicionário Michaelis.

Em outras palavras, um processo pressupõe ETAPAS.

Quando eu estava no colégio, depois na faculdade e principalmente depois que virei concurseira, passei a observar um "fenômeno": em toda matéria que eu achava muito difícil o material apresentava a mesma FALHA: alguma etapa era pulada.

Vou explicar melhor. Quando estamos aprendendo qualquer coisa nessa vida, seja uma matéria de concurso seja cozinhar um prato delicioso, as etapas precisam ser RIGOROSAMENTE ensinadas ao aprendiz. **Mesmo que apenas uma etapa de 100 seja pulada, o resultado será seriamente comprometido.** Tente fazer qualquer coisa em contabilidade sem saber fazer lançamento. Não vai rolar!

Professores e coaches realmente bons possuem mais do que conhecimento. Eles têm DIDÁTICA. O que é isso? Basicamente é apresentar a quem ele ensina o processo completo, com TODAS as etapas e na ordem em que elas devem acontecer. Se seu professor escreve o livro ou material dele assim, garanto que até Física Quântica você aprende. Ou seja: cole em quem ensina dessa forma. #ficaadica. Voltemos.

Quais são as ETAPAS do PROCESSO chamado CONCURSO PÚBLICO? Vamos lá:

1 – Definir o foco.

Filho, você tem que ser tipo um sniper da SWAT! O tiro tem que ser certeiro! Atirar a esmo só vai servir para gastar cartucho (leia-se: tempo, grana e emoções) em vão. Tá com cartucho sobrando? Acho que não!

2 – Saber estudar para concurso.

É aquela velha história de "afiar o machado" que vocês já devem conhecer. Pegue um machado velho, não afiado e tente derrubar uma árvore. Dureza, né? Agora tente com um machado perfeitamente afiado. Você fará o serviço em menos tempo, usando menos recursos (físicos e mentais) e terá um resultado MUITO superior. Estudar para concurso sem saber exatamente como fazer é, basicamente, tentar derrubar uma árvore com a faca de cortar pão.

3 – Criar um cronograma eficiente e executável.

Cronograma dos sonhos que não dá para cumprir na prática só gera frustração, que por sua vez gera desistência.

4 – Estudar sem MIMIMI.

Não tem stabilo, planner bonito e cronograma bem feito nesse mundo que magicamente colocarão seu nome no Diário Oficial. Tudo isso é legal? Sim. Resolve seu problema? Não! O que vai colocar seu nome lá é estudar sem ficar de autopiedade pensando "ain, tadinho de mim... todo mundo está na praia e eu aqui", "ain, que vida difícil", "ain, todo mundo está felizinho menos eu", "ain, Fulaninho arrumou um emprego massa e eu tô aqui ferrado". Você não tem tempo para isso!

"Ain coach, você é muito dura". CESPE, FGV, FCC e similares são mais! Treino duro, jogo fácil! "Brigada. De nada!"

5 – Planejar o bendito dia da prova!!!

Putz… você faz a parte mais difícil e erra aqui??? É sério isso? Na etapa final?? Na parte mais fácil, mas não menos importante?? Amigo, erro assim é para amadores! E aprovação não é para amadores! Aprovação é para PROFISSIONAIS DO ESTUDO! Capacite-se, criatura! Como? Vem que te ensino e POR ETAPAS, lógico:

Etapa 5.1: Leia o edital e saiba o que esperar.

Serão quantas questões? É CESPE? Vai ter penalidade por erro? Vai chutar? Vai parar de chutar quando atingir que percentual de questões feitas? Vai ter discursiva no mesmo horário da objetiva? Quantos textos/questões? Quantas linhas em cada? Quais matérias/assuntos serão cobrados na discursiva? Se você não pensa nessas coisas, já está praticamente reprovado.

Etapa 5.2: Preveja quanto tempo vai gastar em cada matéria.

Português, por exemplo, pode ser um buraco negro. Vai fazer a prova de AFRFB? A chance de você ficar a vida toda lendo os textos que a banca colocou nessa disciplina é enorme! Contabilidade e RLM possuem a mesma característica: têm potencial para consumir horas de prova sem você se dar conta.

As bancas (TODAS) testam seus conhecimentos E TAMBÉM SUA SAGACIDADE. Há questões que são colocadas na prova justamente para te atrasar, para te confundir, para te fazer perder tempo e ficar nervoso. Aprenda a identificá-las! Caso contrário, vai deixar a discursiva em branco, deixar partes grandes da objetiva sem fazer, vai ter que chutar o que acertaria se tivesse tempo de ler a questão, não vai conseguir marcar o gabarito direito… Já vi esse filme MILHARES DE VEZES! Gente bem preparada reprova por essas bobagens altamente contornáveis. Não seja essa pessoa!

"Mas Gabi, como identificar os buracos negros?"

Estudando EM CASA e fazendo muitas questões da banca (faça por assunto no começo dos estudos e depois faça provas na íntegra marcando o tempo)! Não fez questões da banca? Sua chance de passar é mínima.

Resumindo: Observe EM CASA quanto tempo gasta para fazer a quantidade de questões que a prova vai cobrar por matéria. Deu o tempo estipulado na hora do concurso? Toca para frente! Se sobrar tempo você volta! O importante é GARANTIR que você vai conseguir fazer todas as matérias, marcar o gabarito, fazer a discursiva e passar a limpo à caneta. Por isso deve fazer primeiro as questões fáceis, depois as médias e só no fim as cabulosas! Assim, se precisar chutar ou deixar em branco, vai fazer isso nas questões que tinha menos chance de acerto. Dano minimizado, portanto.

Etapa 5.3: Treine o emocional.

Odeia marcar tempo em casa para resolver questões porque fica nervoso e não faz direito? Supera, amigo! No dia prova vai ter tempo marcado e você não terá opção a não ser obedecer. Treine EM CASA o controle emocional com o cronômetro!

Outra dica boa é fazer concursos, mesmo sem focar neles, mesmo sem estudar muito. Acostume-se com o "clima" do dia de prova, a ver aquele mundo de gente querendo uma vaga (a SUA vaga!), a sentir a pressão DE VERDADE!

Etapa 5.4: Crie um sistema para fazer uma boa redação em pouco tempo.

É ruim de texto? Faça um favor a si mesmo e entre em um curso de discursiva COM CORREÇÃO. Nada como ver seu texto corrigido por quem sabe muito bem o que o examinador espera.

Se você fará uma redação (e não questões discursivas), minha dica é: CRIE UMA FÓRMULA. "Oi????? A coach tá doida…".

Uma pequena anedota para vocês: meus dois irmãos tinham pânico de redação no vestibular. Pânico estilo lágrimas caíam no papel em branco. A prova foi chegando e eles não melhoravam. Para tentar salvá-los, eu criei uma "fórmula" de redação: determinei de antemão o número de parágrafos e linhas de cada um. Em seguida, usei conectivos no início de cada frase para garantir que eles iriam fazer introdução, desenvolvimento (com argumentos a favor e rebatendo os contras) e conclusão. Eles só teriam que "rechear" na hora conforme o assunto cobrado. Os dois passaram! Conclusão: dá para planejar praticamente tudo! Tenha uma fórmula em caso de emergência!

Por fim, marque o tempo que leva para esqueletar o texto, escrevê-lo, revisá-lo e passá-lo à caneta.

Etapa 5.5: Treine marcar gabarito.

Nada, absolutamente nada, deve ser novidade para você no dia da prova. Novidade estressa, assusta e cria variáveis... e nós precisamos reduzir o número de variáveis para gerar um resultado mais PREVISÍVEL (a aprovação!).

Para isso, faça simulados com gabarito de verdade e faça concursos só pela experiência. Crie seu sistema para não marcar errado. Eu usava a identidade como régua para ir marcando linha a linha sem me enrolar.

Está convencido de que TEM QUE PLANEJAR o dia D? Ainda não? O que te faz acreditar que improvisar no dia da prova é a melhor opção? Pense comigo: se você não conseguiu fazer o número de questões da prova no tempo certo em casa várias vezes, o que te faz acreditar que no dia D vai acontecer um milagre? Não que eu não creia em milagres... só acho que o RISCO é enorme. **E nesse *business* de concurso a grande sacada para MAXIMIZAR AS CHANCES é REDUZIR OS RISCOS.**

ROTEIRO RESUMIDO DO ESTUDO DE UM CAPÍTULO OU AULA

Vamos agora relembrar tudo o que conversamos sobre as técnicas de preparação de um jeitinho bem prático, ok?

PASSO 1) LEITURA DO MATERIAL (com as revisões Fio da Meada e Decoreba em Doses Homeopáticas) + GRIFOS + LEI SECA CORRESPONDENTE (se houver e para ser utilizada durante a Decoreba em Doses Homeopáticas).

Atenção: Você vai gastar quantos blocos de 1h30 da matéria no seu cronograma forem necessários para concluir. Nada precisa ser terminado em apenas 1h30. Tenha paciência. Além disso, é MUITO MAIS PRODU-TIVO ver uma matéria por 1h30 três vezes por semana do que 4h30 em um dia só. A retomada da matéria permite mais revisões Fio da Meada e Decoreba em Doses Homeopáticas naquele momento crítico em que você começa a esquecer a disciplina, fazendo com que você chegue às questões com a matéria não só aprendida, mas também pré-memorizada.

> **Dica:** Antes de iniciar a bateria de questões após o fim da teoria + lei seca, tire um bloco de 1h30 da matéria para estudar toda a jurisprudência sobre o tema, ok? Há fontes gratuitas, como os sites do Supremo Tribunal Federal (STF) e do Superior Tribunal de Justiça (STJ). Outro site interessante é o Dizer o Direito. Além disso, existe no mercado uma ampla gama de livros especializados com a jurisprudência dividida por matéria e por assunto (capítulo) dentro de cada disciplina. Esse tipo de material poupa muito tempo de pesquisa.

PASSO 2) EXERCÍCIOS + CADERNO DE ERROS + MACETEAR LEI SECA

Atenção: Você vai gastar quantos blocos de 1h30 da matéria no seu cronograma forem necessários para concluir essa etapa.

Durante as questões não há Fio da Meada e nem Decoreba em Doses Homeopáticas. Você apenas deverá fazer questões + caderno de erros e deverá macetear a lei seca correspondente ao tema estudado.

As questões devem ser feitas somente após o estudo completo da teoria.

MENTE CONCURSEIRA

Não é necessário usar sites de questões se seu material já contempla um bom número de exercícios.

O Caderno de erros deve ser feito a cada 30 questões resolvidas.

A lei seca deve ser MACETEADA com base nas questões (ou seja, você deve marcar na lei os artigos que mais caem, colocar todos os prazos juntos em um quadro resumo e também destacar os trechos da lei em que a banca costuma trocar palavras e inserir pegadinhas. É também interessante criar mnemônicos e anotar na própria lei).

Macetear a letra da lei reduz drasticamente os erros por falta de atenção na prova já que você estará esperando as pegadinhas. Outra vantagem é agilizar a revisão de pontos-chave pertinho da prova.

NÃO USE O PRÓPRIO PDF OU LIVRO PARA MEMORIZAR A LETRA DA LEI. MOTIVOS:

1) Os artigos aparecerão pulverizados em várias páginas, com explicações entre eles. DECORAMOS COM MAIS FACILIDADE QUANDO A INFORMAÇÃO ESTÁ COMPACTADA. **MANTRA DOIS MENTE CONCURSEIRA: A LEI SECA É NOSSO MELHOR RESUMO.**

2) Nem todos os artigos da lei seca correspondente ao capítulo do livro ou aula em PDF constam no material teórico. NÃO CONFIE.

PASSO 3) A CADA DUAS AULAS/CAPÍTULOS CONCLUÍDOS, FAÇA A REVISÃO CUMULATIVA DOS GRIFOS + LEI SECA + CADERNO DE ERROS.

Note que você não vai precisar de complicadas planilhas de controle de revisão! É simples. A cada duas aulas, volte tudo. Se seu curso começa da aula 0, será ao final de cada aula ímpar. Se é livro e começa do capítulo 1, a revisão cumulativa deverá acontecer ao final de cada capítulo par. SIMPLES ASSIM.

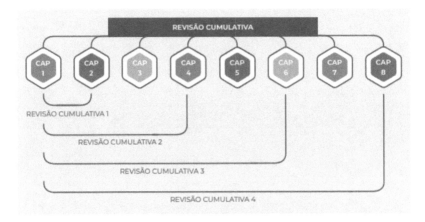

Para clarear nosso sistema triplo de revisão:

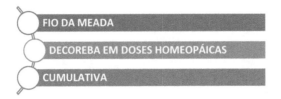

VOCÊ OBSERVARÁ QUE:

**CRIANDO A MENTALIDADE
DE APROVADO**

PREÇO DA APROVAÇÃO: VOCÊ ACEITA?

Ao ler o título do artigo, imagino que a maioria de vocês pensou em dinheiro... mas não é sobre isso que quero falar hoje. Até porque de todos os custos envolvidos, esse, por incrível que pareça, é o menor.

Contudo, falarei sobre preço. Vamos começar com uma analogia. Você quer comprar um celular novo. Para saber quanto esse celular realmente custa, não basta olhar o valor que está na vitrine da loja. **Precisamos usar a unidade de medida de nosso bem mais valioso: o tempo. O celular não custa 1.500 reais. Ele custa X horas o seu trabalho.** X horas que você poderia estar dormindo, pegando uma praia, passando tempo com quem você ama, vendo sua série favorita... 1.500 reais é só uma representação simplória dessas horas. O problema é que quando tomamos a decisão de comprar ou não o produto, pensamos se temos ou não condições de pagar. **Não estamos acostumados a calcular o preço com base nas horas que precisamos abdicar do que gostamos de fazer na vida.** Deveríamos.

Hora de levar esse raciocínio para o concurso. **Estudar para concurso é caro.** Caríssimo, na verdade. Além do valor monetário investido (livros, cursos, inscrições...), você investe muito tempo, energia, expectativas. **Uma fortuna em investimento emocional.**

O problema é que como o preço emocional não aparece em uma etiqueta, fica fácil ignorá-lo. Olha o tamanho da treta que isso vai gerar na sua vida...

Para comprar o celular, você tem que pagar o que a loja pede, certo? Ou você concorda com os 1.500 reais, ou o celular não será seu. Isso a gente entende claramente. Agora vamos quantificar hipoteticamente o preço emocional da sua aprovação. Vamos imaginar que vai custar 10X. Ou você paga 10X, ou a aprovação não será sua. É tão simples quanto comprar um celular. Creia! **Mas você, consciente ou inconsciente-**

mente, não se conforma com o preço. Você decide que só vai pagar 5X e "tá bom demais".

Sabe aquele dia que você fura seu cronograma para ficar vendo TV? Ou o dia de sol que você não admitiu perder? Ou aquele churrasco que te fez deixar os livros fechados por "só um dia"? Tudo isso não acontece por acaso e nem são eventos desconectados. **Cada furo é sinal de que você NÃO SE CONFORMA COM O PREÇO.**

Esse inconformismo esbarra em dois problemas:

1. O examinador continua cobrando 10X pela sua aprovação. Ele não está disposto a negociar.

2. Outras pessoas não vão discutir o preço. Vão pagar e pronto.

O resultado é FRUSTRAÇÃO GARANTIDA. É como se você fosse à loja e desse 300 reais para o vendedor. Só que pior! O vendedor pelo menos vai te DEVOLVER os 300 reais e te mandar para casa sem o celular! No máximo, você passará vergonha. **Se pagar só 5X para o examinador ele te manda para casa SEM NADA!!!!** Você não ganha meia aprovação! Você não tem o tempo e dinheiro investidos devolvidos. Você volta para casa mais ferrado do que antes! 5X desgastado emocionalmente e reprovado. Está dando para entender?

Se você não desistir e se resignar com o preço, usará o que aprendeu (pelo menos a gente não esquece... ufa!) para ter mais facilidade em pagar os 10X. E vai passar. **O investimento – não tenha dúvidas – valerá muitíssimo a pena!** Mas se você desistir depois do desgaste, daí o prejuízo é completo. Tempo, dinheiro e emoções na lata do lixo!

Se você é essa pessoa do texto, você fez metade do esforço – o que é muito, mas não é suficiente. Você gastou o dinheiro suado para comprar o material necessário. Você se sacrificou menos do que deveria, mas ainda assim houve uma boa dose de sacrifício. **Faça valer a pena de agora em diante!!! Resignação, amigo!** O que você prefere? Fazer 10X e passar ou fazer 5X e ficar reprovado?

Enquanto você não fizer as pazes com o preço da sua aprovação, vai continuar estudando para aplacar a cobrança social e a própria sem, no entanto, ter sucesso. Não se esqueça: O EXAMINADOR NÃO NEGOCIA!

EXERCÍCIO MENTAL	
O QUE <u>NÃO</u> ESTOU DISPOSTO A FAZER PARA PASSAR	O QUE ESTOU DISPOSTO A FAZER PARA PASSAR

SANGUE FRIO

VOCÊ QUER EVOLUIR OU QUER SE SENTIR MELHOR?

Acho que o concurseiro deveria se perguntar isso várias vezes ao dia e ser bastante vigilante. Noto que vocês perdem muito tempo e recursos apenas para se sentirem bem e não para aumentar as chances de passar. Pior: não percebem que estão presos a esse processo.

Quando você tenta estudar para três concursos ao mesmo tempo, ainda que as disciplinas sejam bastante compatíveis, está agindo baseado em suas emoções e não no que é mais estratégico. Gasta, assim, dinheiro com livros e PDFs de muitas disciplinas diferentes para ter um resultado, fatalmente, insatisfatório nos três concursos. Perdeu tempo e recursos financeiros. Colega, me diz: tá sobrando qualquer um dos dois? Quanto mais escassos são os recursos, mais inteligente deve ser a alocação.

Não te contei nenhuma novidade até agora. Mas por que então você faz errado se já sabe que é uma decisão ruim? Só há uma resposta: falta de sangue frio. Toda escolha implica uma renúncia (lei da vida, gente!) e você não quer renunciar a nada – afinal, tem tão pouco no momento.

Pense nas emoções como lindos e exóticos animais selvagens. Eles dão vida e colorido ao mundo, mas podem ser extremamente perigosos. Em alguns momentos, precisam comportar-se como animais domesticados e em outros podem correr livremente. É FUNDAMENTAL conseguir diferenciar esses momentos.

Para quê você precisa de cinco cursos da mesma matéria? Para ter mais informação? Você nem vai conseguir ler tudo! Compra para sentir uma falsa segurança e desperdiça dinheiro. Conforto psicológico custa CARO.

Por que cisma de estudar o edital TODO sabendo que não terá tempo de fazer uma revisão sequer? Não é melhor cortar os capítulos que caem menos para sobrar tempo para revisar e memorizar lei seca? Você prefere não pensar nisso e cria uma confortável armadilha para acabar tendo que fazer o que quer (não o que deve): segue estudando e quando chega a prova... ops... "não deu tempo de revisar".

Dica de coach: Decida, quando sai o edital, "o que vai e o que fica". O que vai estudar e o que vai simplesmente ignorar. Se você não decidir, o tempo vai decidir por você. Algo ficará de fora na esmagadora maioria dos casos. Decido junto com meus coachees que estão com o tempo apertado e em consulta com professores das disciplinas específicas o que está sendo cobrado pelas bancas. Edital tá na mão e você está sem coragem para cortar matéria porque sente que vai reprovar se fizer isso (delírio!)? Beleza. Uma dica legal é não seguir a ordem do edital. Comece estudando o que cai mais e fixando duas semanas antes da prova para revisão e decoreba de lei seca "a mil por hora". Se sobrar tempo antes da revisão final, aí sim você pode estudar o que cai menos. O nome disso é ESTRATÉGIA, SANGUE FRIO.

Por que erra besteira na prova que não erra em casa? Emoção demais atrapalhando o raciocínio. Não se acostumou a domar a emoção selvagem em casa, não é lá na chapa quente que você vai conseguir.

Qual é o coach ou professor que mais lhe chama a atenção? O que grita, pula e mostra o atual padrão de vida ou o que te diz que terá que estudar assim e assado para passar? Você quer orientação séria ou um afago no coração? **Busca CONHECIMENTO ou ENTRETENIMENTO?** Pensa bem antes de responder.

FATO É QUE AS EMOÇÕES ESTÃO ALI E NÃO VÃO A LUGAR ALGUM. O QUE FAZER ENTÃO?

Aprenda a geri-las! Desenvolva o sangue frio, aprenda a segurar a impulsividade. Mas, antes de tudo, aprenda a perceber-se e separar as emoções.

Sabe porque bato tanto nessa tecla de emoções? **PORQUE SEU CÉREBRO É UM SÓ. O QUE APRENDE DIREITO CONSTITUCIONAL É O MESMO QUE SE APAIXONA.** O que resolve exercícios cabulosos de matemática financeira é o mesmo que se abate com comentários maldosos. O que faz a prova do concurso é o mesmo que teme o fracasso. O lado esquerdo do nosso cérebro é o racional. O lado direito é o emocional. Há muita oferta de materiais e cursos de técnicas de estudo no mercado, mas pouco sobre a mente concurseira em sua inteireza. E você é uno, inteiro. **Se você bloqueia METADE do seu cérebro achando que não vai gerar nenhuma perda de performance, está MUITÍSSIMO ENGANADO.**

VOCÊ NÃO PERDE EM NADA PARA UM ATLETA PROFISSIONAL. Michael Phelps, o mito das piscinas, treinava cerca de 6 horas por dia. Você estuda quantas mesmo? O Phelps é o primeiro lugar no concurso. Os demais atletas olímpicos são os concurseiros que passam. E você, que anda batendo na trave, onde está? Está no limbo, no quase.

Sair do zero e acertar 60% da prova é BEM MAIS RÁPIDO do que subir de 79 para 80% de acerto. Cada 1% que você se afasta da média é mais sofrido, demorado e demanda muito mais recursos (físicos, racionais e emocionais) do que os primeiros 60%. **Sangue, suor e lágrimas estão depois dos 60% de acerto.** Antes disso, são só "dores do crescimento". Se antes estudar e estar com a saúde em dia eram os recursos internos demandados para chegar aos 60% de acerto, agora para subir cada ponto percentual será necessário lançar mão de TUDO o que está ao seu dispor internamente. Se sempre deixar de fora os recursos emocionais, vai morar para sempre no limbo.

COMO GERIR AS EMOÇÕES? Via treino diário. Treine em casa se segurando para não comprar mil materiais da mesma matéria. Pratique escolhendo bem seus professores e coaches. Treine focando em um concurso por vez, planejando revisões (e cumprindo!), segurando o desejo insano de "fazer número". Fez mil questões e não estudou os erros? Aprendeu nada, sinto informar! Só solidificou o que sabia. Rolou só output (botou para fora o que estava na cabeça). Preferível fazer 300 e estudar todos os erros (output com input das novidades/pegadinhas aprendidas).

Treinar em outras situações não concursísticas ajuda, já que o **conhecimento transborda de uma área da vida para outra.** Sabe aquele brigadeiro a mais que não devia comer? Não coma. Vontade de perder as estribeiras no trabalho? Segure a onda e tome atitudes mais assertivas para resolver o problema. Quer ligar para o(a) ex tóxico(a)? Pelo amor... preciso nem terminar de explicar...

Tenha real controle sobre você e suas decisões para ver a sonhada melhora na sua performance. Quando alguém ilude a gente, é chato. Mas quando a gente ilude a gente, é AUTOSSABOTAGEM!

EXERCÍCIO MENTAL	
COISAS QUE FAÇO SÓ PARA ME SENTIR MELHOR (E QUE NÃO FUNCIONAM)	**O QUE DEVO REALMENTE FAZER**

CAPITAL EMOCIONAL: DICAS PARA O INVESTIDOR

Cada segundo da sua atenção é um investimento, quer você perceba isso conscientemente, quer não. Cada minuto que você passa chateado com aquela fechada que tomou no trânsito ou com algum absurdo que ouviu é valor emocional investido ali, naquela situação.

E assim como o dinheiro é finito, seu capital emocional também é. Considere capital emocional um misto do seu foco, tempo, energia e emoções, ok?

Se você coloca o dinheiro em um bom fundo de investimento, ele vai gerar dividendos, certo? E nós amamos dividendos! Eles são tudo de bom! ☺

Quando você coloca sua grana em um investimento-cilada, o que acontece? Nada de dividendos. Pior, você perde parte de seu capital inicial. Seu rico dinheirinho começa a minguar. Você fica mais pobre do que se tivesse colocado o dinheiro embaixo do colchão.

Seu "banco emocional" segue a mesma lógica. Quando você coloca foco, tempo, energia, emoções em algo que te faz mal você perde tanto os dividendos que poderia colher se tudo isso estivesse concentrado em algo bom e ainda perde parte de seu capital emocional inicial. Em outras palavras, nada de produtivo sai dali e você ainda se desgasta.

Vamos aos exemplos para não restar dúvidas:

Você tem um relacionamento amoroso. Investe muito do seu capital emocional ali. Se sua cara metade também investe, vocês ficam RICOS! Colhem uma barbaridade de dividendos (tranquilidade, paz, felicidade, encorajamento mútuo, diversão, família...)!!! Se o relacionamento te faz mal e você não desiste, perde os dividendos (citados acima) e ainda

CAPITAL EMOCIONAL: DICAS PARA O INVESTIDOR 93

perde parte do seu capital emocional inicial (autoestima que tinha antes de conhecer a pessoa em questão é só um dos incontáveis prejuízos).

Gabi, mas você não vai falar em concurso??? Tô aqui para isso!

Ok. Concurso. **Poucos investimentos emocionais são tão SEN-SACIONAIS quanto estudar para concurso!** Foi – de longe – um dos melhores que fiz na vida. Não tenho dúvidas! Tô colhendo dividendos a torto e a direito até hoje... e não tô falando só de dinheiro. Você não fica rico sendo servidor. Querem uma breve lista dos meus dividendos (e olha que passei há mais de cinco anos)? Segue:

- **Remuneração do serviço público costuma ser bem melhor do que na iniciativa privada.**

- **Sossego mental.** Quero financiar uma casa legal? Ok. Sei que posso contar com minha remuneração. Não tenho medo de perder o emprego e depois perder o que pude construir em termos de patrimônio. Conheço muitas pessoas na iniciativa privada que gastam tudo o que juntam para sobreviver a cada demissão. Ou seja: vivem recomeçando do zero. Assim fica muito difícil evoluir. O sistema é perverso.

- **Sossego mental da família.** Eu usufruo da certeza do emprego, mas quem me ama também vive mais em paz por me ver assim. Ninguém está de cabeça quente com medo de eu passar algum perrengue sinistro. Tá todo mundo bem de boa.

- **Orgulho.** Eu tenho orgulho de ser servidora e coach de vocês. Muito orgulho! É uma enorme honra ter a missão de servir à sociedade e ainda poder ajudar pessoas que estão vivendo o que eu já vivi. Eu me julgo uma pessoa de MUITA sorte com MUITA coisa para agradecer todos os dias antes de dormir. Se eu não tivesse estudado, não teria nem uma coisa, nem outra.

- **Tempo.** Olha eu "reavendo" o que investi! Eu gastei muito da minha vida na faixa dos 20 anos ralando. Eu me preocupava com isso. Foram incontáveis sábados de sol em casa. INCONTÁVEIS. Eu me perguntava se tudo aquilo iria mesmo valer a pena. Mais para o final, quando eu já estava no limite, eu comecei a pensar que nem passar pagaria todo o sacrifício que fiz. Afinal, o tempo não volta.

Pois bem. Hoje eu tenho todos os finais de semana, feriados, recesso de fim de ano, férias e abonos (amo abono! Ô coisa boa!) para curtir em paz. Trabalho 6 horas na ALES. Quase nunca fazemos hora-extra. Quando precisa, é compensado. Quem é da iniciativa privada sabe que – em regra – lá o papo é outro...

Se eu nunca tivesse estudado, estaria em uma redação de jornal trabalhando trocentas horas por dia, sem compensação alguma por isso. Vários finais de semana ficariam comprometidos, vários feriados. Abono? Isso não existiria! **O tempo que passei estudando é MUITO MENOR do que o tempo que eu perderia ao longo da vida com essa carga horária de trabalho.**

ATENÇÃO À COMPOSIÇÃO DE SUA CESTA DE AÇÕES

Os iniciantes em investimentos em ações costumam optar por uma "cesta de ações". Não sou especialista nisso, mas é basicamente ações de empresas diferentes em um "pacote".

Se esse "pacote" é bom, todas as ações que compõem a cesta são promissoras. Já se há várias ações boas, e uma só muito ruim, terá que usar os dividendos das boas para cobrir os prejuízos da ruim.

Se na sua cesta tem estudos, lazer saudável, bons relacionamentos, exercícios físicos e outros investimento-sucesso, ela vai bombar! Isso porque cada ação boa citada gera um dividendo legal, que pode ser investido comprando mais ações da cesta. Um relacionamento bom (seja amigo, parceiro amoroso, família ou um mentor/coach) pode te gerar coragem, informações e motivação suficientes para que você invista mais na ação "estudos". Com muito capital emocional nela, o estudo vai trazer para a cesta a cobiçada ação "aprovação". Quando ela chega na sua cesta, TODAS AS OUTRAS AÇÕES DISPARAM! **Da mesma forma que dinheiro gera dinheiro, capital emocional bem investido gera dividendos de todo tipo.**

Agora, lembre-se de que **dívida gera dívida** (mais rápido do que dinheiro gera dinheiro)! Deixa de pagar o cartão de crédito para ver. Cole naquele amigo invejoso, que te acha trouxa por ficar estudando, que repete toda hora que concurso é jogo de cartas marcadas e que te critica em tudo. Rapidinho você vai notar a queda na sua carga horária de estudos, na sua alegria e na sua saúde. É uma ação que puxa a cesta toda para baixo. LIVRE-SE DELA! **Tire da sua vida as ações ruins antes que fique na pobreza total.** Dica de outras ações péssimas para sua cesta: preguiça, baixa autoestima, sedentarismo, ansiedade, falta de foco, falta de comprometimento, falta de AUTORRESPONSABILIDADE com sua aprovação.

Às vezes a gente coloca ações na cesta sem nos darmos conta. Também deixamos outras pessoas ditarem a composição da nossa cesta! **A cesta é SUA e os dividendos são INTERESSE SEU. Logo, a RESPONSABILIDADE de sempre monitorar a cesta é SUA!** Preste atenção no que coloca ali. Fique atento e invista seu rico capital emocional COM CONSCIÊNCIA!

EXERCÍCIO MENTAL	
ONDE ESTOU INVESTINDO MEU CAPITAL EMOCIONAL	ONDE DEVERIA ESTAR INVESTINDO MEU CAPITAL EMOCIONAL

ZONA DE DESCONFORTO

A zona de conforto é MARA! Pronto, falei.

Estou em crise existencial com frases de efeito. E olha que sempre as curti bastante. Mas a motivação proveniente delas é muito fugaz. E sabe por quê? **Porque elas não são precisas.** As palavras, na minha humilde opinião, são mal escolhidas. Você, ser pensante, mais cedo ou mais tarde vai questioná-las e sua motivação, se excessivamente apoiadas nelas, vai evaporar.

Vamos devagar!

Quando alguém está chateado com sua vida profissional, está ganhando mal ou está sem emprego, percebe que em seu local de trabalho não há oportunidade de desenvolvimento, crescimento, aprendizagem, essa pessoa não está confortável, concorda? Alguns relatam sentir que estão "emburrecendo" em determinadas empresas e até nos tão sonhados e duramente conquistados cargos públicos. Outros sofrem assédio moral. Há ainda os que não sentem que seu trabalho faz muita diferença no mundo e ficam desmotivados, infelizes. Várias pessoas cumulam os problemas citados acima! Como posso chegar para esse aluno e motivá-lo a estudar pedindo que saia da zona de conforto??? Você tá vendo algum conforto ali? Nem eu! Se ficarmos repetindo esse termo que julgo tão impreciso, nossa cabecinha tende a crer que há algo de bom naquela situação. Consequência: faremos de TUDO para mantê-la. **Vamos dar os nomes CORRETOS para as coisas, ok?** Assim tudo fica mais claro.

<u>**Filho(a), você está na zona de DESCONFORTO.**</u> Entenda isso para podermos avançar.

Felizmente e, por vezes, infelizmente, o ser humano é altamente adaptável. **Para ser mais direta, nos acostumamos com tudo.** <u>Até com o que é RUIM.</u> Seu emprego está te deixando na "bad". O que você faz?

Nada! Seu relacionamento está uma droga e você já tentou de tudo. O que você faz? Nada! Você fica lá. Preso(a) na maldita zona de DESCONFORTO! Fazemos isso por uma série de razões: medo, sensação de merecer aquela situação precária, sensação de dívida com os envolvidos na situação, dúvidas acerca do próprio valor e até das próprias vontades... os motivos variam. A sensação de DESCONFORTO – contudo – é a constante. Pense direitinho no que te mantém ali. *SPOILER*: apontar para o fator preguiça é apenas arranhar a superfície do problema. Preguiça é SINTOMA. Nunca é a questão principal. O que te impede de tomar uma providência é algo mais complexo. Tire um tempo "você com você" para refletir sobre isso.

Bom, depois de termos melhorado o termo "zona de conforto" e analisado as razões que nos mantêm presos a algo que não nos serve, chegou a hora de pensarmos na ZONA DE REAL CONFORTO. <u>**Construir uma zona de REAL CONFORTO não é para qualquer um. Demanda dedicação, empenho.**</u> Visualize aí sua zona de real conforto particular. O que tem nela? Qual é o seu trabalho nesse cenário? Onde você mora? O que você faz no seu tempo livre? Quanto tempo livre você tem? Como é sua casa, seu carro? Com quem você convive? Como é sua rotina? Como você se sente? O que você precisa fazer para conseguir criar essa vida?

Acho que muitos concurseiros colocam a foto do contracheque do cargo pretendido na mesa de estudos. Alguns colocam foto do carro dos sonhos, daqueeeela viagem, da casa. Mas isso é apenas uma partezinha do cenário. Um ornamento, digamos assim. O mais importante é a SENSAÇÃO. Feche os olhos e se coloque no cenário. **Estude a sensação de ter aquela vida. Mais do que qualquer coisa material ou frase de efeito, É ISSO QUE VAI TE MOTIVAR.**

Você não estuda para ter casa, carro, viagem, roupas, restaurante chique. **VOCÊ ESTUDA PARA SER MAIS FELIZ DO QUE É HOJE.** Casa, carro, viagem, roupas e restaurante chique SÃO MEIOS. A FELICIDADE é o fim pretendido.

Partiu estudar! Partiu ZONA DE REAL CONFORTO!

EXERCÍCIO MENTAL	
ZONA DE DESCONFORTO (COMO É MINHA VIDA HOJE)	**ZONA DE REAL CONFORTO** (COMO SERÁ MINHA VIDA PÓS-APROVAÇÃO)

ENQUANTO ROMA QUEIMA

No ano de 64, Roma sofreu com um grande incêndio que destruiu boa parte da cidade. Reza a lenda que o Imperador Nero tocava lira enquanto Roma queimava. Há vááárias teorias do motivo da atitude de Nero (e vááárias que dizem que não foi isso que aconteceu). Bom, fato é que – segundo a história que se conta – **ELE IGNOROU O CAOS QUANDO DEVERIA TER AGIDO.**

Maluco??? Adivinha quem faz coisas loucas assim O TEMPO TODO? N-Ó-S! ☺

Já viu aquela pessoa que está com a saúde muito comprometida em razão da péssima alimentação feat sedentarismo e quando sai com você escolhe a comida mais bizarra e carregada do cardápio? Passo longe de ser fiscal da comida alheia (afinal, tenho meus próprios "vícios"... alô, Twix! Aceito patrocínio...rs), mas fica ÓBVIO que a pessoa está tocando lira enquanto Roma queima! Identificou-se? Alerta vermelho, hein! Magrinhos com taxas horríveis de colesterol, glicose... vocês estão incluídos nesse parágrafo!

PS: Há alguns anos eu era a magrinha de taxas péssimas. Só para constar! Comi um cachorro-quente antes do exame! Eu era SINISTRA na lira há alguns anos!

E quem está no vermelho no banco mas não perde uma liquidação? Barato não é de graça, Brasil! A pessoa sabe que não pode, que não deve de forma nenhuma gastar com supérfluos, mas parece que essa circunstância dá um "ativar" na vontade de gastar mais e mais.

Sabe quem está em um relacionamento doentio, é maltratado e ainda defende o parceiro(a)? Supertalento da lira!

VAMOS AOS PORQUÊS

Afinal, por que a gente IGNORA um megaproblema que está bem na nossa cara e que temos toda a condição de resolver?

Negação. Esse é o primeiro estágio da dor segundo a psicóloga Elisabeth Klüber-Ross. Negação, raiva, negociação, depressão e aceitação. É essa a sequência completa.

A simples existência do problema nos causa dor. Essa dor pode ser medo de não conseguir resolver, culpa por ter permitido que a situação chegasse a um extremo, vergonha por ter o problema ou simplesmente a pueril esperança de que o obstáculo desapareça como mágica se você ignorá-lo com muita força.

De todo o ciclo da dor, vejo mais gente presa no primeiro estágio: NEGAÇÃO! Se você nega o problema, não consegue prosseguir no ciclo e sair dele. Está preso ali para todo o sempre!

E o concurseiro? O que tem a ver com isso?

NEGAÇÃO DE CONCURSEIRO

Não vou nem me estender aqui. Só vou listar alguns exemplos e você tem a tarefa de ver se suas falas são mais ou menos essas:

Para que PDF se eu posso ver videoaula de tudo? Bem mais legal! (E bem mais ineficiente).

Eu só aprendo com videoaula! (Todo mundo é capaz de aprender lendo. Creia em mim!).

Revisar atrasa (atrasa mais é esquecer tudo o que você lê! Cúmulo do retrabalho!).

Depois eu leio a lei seca! (Nunca lê).

Perto da prova eu decoro! (Nunca dá tempo).

Não vou começar essa semana porque a prova está longe (nunca está se levarmos em conta o tanto de matéria que tem que ver).

Vou fazer um presencial (isso não é problema. Problema é não estudar em casa por considerar que assistir às aulas é suficiente).

Não preciso fazer questão. Se eu souber tudo que está no PDF, eu arraso na prova! (Vai descobrir do pior jeito que não é bem assim).

Não preciso fazer concurso de teste! O que interessa é fazer o **MEU concurso** (eu falava isso! Kkkk! Inocente!).

Só hoje eu não vou estudar essa matéria que odeio (hoje dura meses).

Vou fazer um curso de memorização/culinária/datilografia/faculdade de sei lá o quê porque isso vai ajudar no concurso (sabe o que ajuda pacas no concurso? Ler os PDFs, fazer questões da sua banca, revisar com regularidade e cumprir seu plano de estudos!).

Vou adiantar essa matéria (que eu amo) **por que ela é muito importante** (mas não mais do que outras). **Essa aqui** (que eu odeio) **vejo mais adiante** (o "adiante" nunca chega).

Vou fazer várias questões da FGV apesar da minha prova ser CESPE (a pessoa tem medo do CESPE) **porque a FGV é uma banca conceituada!**

Quero sair da iniciativa privada, estudar para concurso, mas... (e a pessoa – além do emprego – faz quatro faculdades, cinco pós, é voluntária no abrigo de animais... tudo para NÃO TER TEMPO de estudar).

Meu resumo tem que ser bom/lindo (daí a pessoa fica hoooras pintando o resumo, passando a limpo, colando adesivo da Hello Kitty... estudar que é bom... já sabem... nada!).

Atualidades sempre cai (nem sempre!). **Então, tenho que ler muito jornal** (PDF fica para o depois que não chega. A pessoa emenda Jornal Nacional com novela e pronto... já era o estudo)!

Vou furar o cronograma hoje. Amanhã eu compenso! (Lenda. O tempo não volta. Perdeu, tá perdido!).

Se você se identificou...

Acho que alguns de vocês já podem estar bravos comigo depois dessa lista. ***Don´t kill the messenger (não matem o mensageiro)***. Não fiquem. Não quero atacar. Quero que você tire a venda dos olhos e entenda o motivo por trás de sua autossabotagem. Isso vai te tirar mais rápido da vida de concurseiro. O plano é esse, certo?

Pare com humildade e analise sua vida. Todos os aspectos dela. Saúde, família, demais relacionamentos, estudos, carreira... TUDO! **Onde há um incêndio? O que você tem feito para apagá-lo? O que você está fazendo "enquanto Roma queima"?** Está tocando lira, em total negação, recolocando desesperadamente a venda que insiste em cair dos seus olhos?

ROMA É SUA VIDA! VAI DEIXAR ARDER EM CHAMAS?

Evite a lástima de chorar sobre os escombros no futuro! Faça algo enquanto há tempo!

EXERCÍCIO MENTAL	
INCÊNDIOS	COMO APAGÁ-LOS

A FALÁCIA SOBRE O LIMITE

Eu acho um perigo danado esse papo de superar limite. Ele existe por uma razão, não acha? Ou pensa que você é indestrutível? Que sua força de vontade é uma armadura que acaba com suas necessidades e vulnerabilidades? Já notou que você continua "pirando" de estresse, que fica doente, que fica desanimado, mesmo quando a coisa que mais quer na vida é passar? Pare e pense: **Qual é o limite de "superar limites"?** Os mais animados devem estar bradando "o céu é o limite" e "nada é impossível para um coração cheio de vontade". São essas frases motivacionais mentiras? Não. Mas também não são verdades.

Pois é, povo... a gente ouve as coisas, toma como verdade, não questiona e depois não entende porque aquela frase motivadora não te faz sentar na cadeira e estudar como se não houvesse amanhã. O que acontece é que âncoras mentais não são limites. Preguiça não é limite. Dificuldade em uma disciplina não é limite. Base de estudos fraca não é limite. Vamos categorizar: **FALSO LIMITE** é tudo aquilo que segura sua evolução e que você inventou sobre si mesmo (ex.: âncoras mentais). **OBSTÁCULO** é o que a vida te impõe (ex.: falta de grana, falta de apoio...). Isso não quer dizer que reais limites não existam. Você precisa dormir. Isso é um limite. Você pode até driblar um dia, dois e dormir realmente pouco ou nada. Contudo, isso não se sustenta ao longo do tempo.

Se você supera algo, aquilo não volta, certo? Se supera um amor do passado, parte para outra e toca a vida. Não supera em um dia e no outro está pensando na pessoa novamente, né? **Isso é SUPERAR. Deixar algo para trás definitivamente.** Se você vira uma noite estudando, superou de fato um limite? Não! Porque a sua necessidade de dormir continua existindo. Por mais que queira, terá que dormir. Logo, esse limite do seu corpo não foi superado. Não dá para superar! Quer emagrecer e vai superar a fome? Não! Você precisa comer para viver. Você também precisa de gente para conversar, desabafar, se divertir. Precisa de tempo para você, para colocar as coisas em ordem na cabeça, se reestruturar. Precisa que seu corpo tenha saúde. A gente precisa de muita coisa. Essa é a verdade.

O que acontece quando você passa REPETIDAS vezes do seu real limite? Você fica deprimido, ansioso, os sonhos perdem o brilho e o sentido. Resultado: você perde as forças para fazer o básico e assim todo e qualquer plano *feat* sua saúde afundam. É muito triste quando isso acontece. Você desiste de lutar e entende – da pior forma – que seus limites existem por uma razão: para garantir seu equilíbrio e bem-estar. Sem isso, NADA faz sentido. O problema todo é que a gente confunde limite, falso limite, obstáculo... e quando o corpo e a mente fraquejam, entendemos tudo como REAL LIMITE. Passamos a nos sentir um "caso perdido".

Quer uma dica? Limites auto impostos são falsos. "Eu não aprendo Contabilidade!", "eu não tenho memória", "não aprendo rápido", "esqueço tudo", "acho que dei o passo maior do que a perna", "sou preguiçoso", "sou burro"... FALSOS LIMITES! Verdadeiras âncoras mentais. Pare de arrastar essas correntes!!! Você não é alma penada!

Não fique repetindo que vai superar limites. **Pode soar bonito, mas também soa sofrido e insustentável a longo prazo.** Não se engane. Vai rolar MUITA SUPERAÇÃO enquanto você se prepara para concursos. MUITA MESMO! Você vai sair do outro lado do túnel outra pessoa. Melhor, mais corajosa, mais forte. Mas o que vai ser superado são os **FALSOS LIMITES e OBSTÁCULOS.** São todas as coisas que te atrapalham hoje e que quando superar não farão a menor falta na sua vida. Mas o limite... ah... esse é bom respeitar. **Respeitar-se.** E cuidado com a motivação "oca". Ela só vai te decepcionar. Lucidez, meus caros. Lucidez.

A FALÁCIA SOBRE O LIMITE

EXERCÍCIO MENTAL	
FALSOS LIMITES	**LIMITES REAIS**

O PEQUENO DÉSPOTA EM VOCÊ: CARTA AO PROCRASTINADOR

Um dos conceitos de escravidão é "condição de falta de liberdade; submissão a uma autoridade despótica."

<u>Notícia do dia</u>: se você é um procrastinador, necessariamente foi escravizado. E por qual autoridade despótica? Já explico!

A CRIANÇA QUE HABITA EM VOCÊ

Dentro de nós mora toda nossa história. Há vários de nós ali, um de cada idade. Há você com 5 anos, 8 anos, 15 anos, 27 anos, 36 anos... É comum dizermos que quando ficamos perto de crianças que amamos, viramos criança de novo. Brincamos e tudo mais. Isso acontece porque a sua versão criança ainda existe. Se agimos com empolgação excessiva ou impulsividade, podemos acabar lamentando "agi como um adolescente". Esse povo todo tá aí, ok? E a presença deles pode ser útil ou pode ser um desastre.

Sua porção criança é útil para que você veja a vida com otimismo, de forma leve e para que possa se divertir. Há ocasiões para ela emergir. O adolescente vai ser útil para quando precisar ser mais ousado, corajoso. E o adulto? **O adulto comanda essa galera toda.** Ele é o diretor do filme que é a sua vida. Ele decide quem e quando entra ou sai de cena. Portanto, **QUEM MANDA é o ADULTO**. Na teoria, pelo menos.

Segura na cadeira que agora vem o "tapa": na prática, a vida de um procrastinador é comandada pela criança pirracenta. **O déspota é a criança. O escravo é você, o adulto!**

Como?????

Veja bem. Quando você procrastina, não faz nada muito diferente de correr de tomar banho ou de guardar seus brinquedos como você fazia na infância. **Está claro tratar-se de uma tarefa necessária** (na infância sua mãe deixa isso mais do que claro). Na idade adulta, você mesmo sabe da necessidade). Mas a criança quer brincar, ver TV. Tomar banho e guardar os brinquedos é CHATO! E a criança procrastina a atividade até que a mãe interfira de maneira mais enérgica.

Conforme crescemos, assumimos a papel da mãe para domar a criança birrenta quando necessário. Como adulto, você é capaz de pesar prós e contras, já entendeu que nem sempre dá para fazer o que se quer, que as consequências de só fazer o que gosta e quando quer são por demais duras. Você já sabe que é mais negócio combinar "fazer o que gosta" com o "fazer o que tem que ser feito". Como adultos, já fizemos as pazes com essa realidade. **O que acontece então?**

SEU PEQUENO DÉSPOTA

Estudar para concurso pode te parecer uma escravidão. Mas a escravidão não é uma escolha e sim uma IMPOSIÇÃO EXTERNA. **Note que <u>VOCÊ ESCOLHEU</u> estudar para concurso.** Pesou o custo X benefício da empreitada e viu que era uma boa para você. O adulto tomou a decisão. Ok. Mãos à obra, certo? Não tão rápido...

A criança esperneia na hora de sentar e estudar, né? E nem toda a racionalização do mundo faz com que ela pare. Confuso diante dos gritos incessantes, você dá um pirulito e coloca na TV o desenho animado favorito dela. Paz reestabelecida? A dela, com certeza. A sua, definitivamente não. Muitas crises como essa estão por vir. A criança aprendeu que chorar funciona. Boa sorte, amigo. Agora você tem um projeto de marginal nas mãos para lidar.

Lembra que falei que o adulto e a criança moram em você? Pois é... quando a criança faz birra na hora em que você precisa estudar, **você – como adulto – TEM QUE MOSTRAR QUEM MANDA! Faça o que tem que ser feito e ignore o choro da criança.** De forma mais direta: deu a hora de estudar? E-S-T-U-D-E! Não está com vontade? Bom, na vida temos que fazer o que tem que ser feito e isso nem sempre coincide com o que a gente quer. Paciência. **Quando você deixa de estudar porque sua criança interior quer se divertir (ver TV, passear...), você perde sua autoridade de adulto e a criança só ganha espaço.** Isso é tão bizarro quanto um adulto se jogando no chão do supermercado porque não pôde comprar um doce em razão da glicose estar nas alturas! Pense nisso toda vez que a criança gritar alto demais e você se sentir tentado a ceder!

O adulto se deprime e se frustra profundamente quando não consegue controlar a criança. Ele fica totalmente à mercê das vontades dela. Em outras palavras, permite que a criança o escravize. E ninguém é feliz na condição de escravo.

REPITO: O procrastinador é um SOFREDOR. Pior do que atrasar seu cronograma, procrastinar gera tristeza, frustração, sensação de fracasso, autoestima ruim, decepção consigo mesmo.

COMO MUDAR?

1) PARA DE REPETIR QUE É UM PROCRASTINADOR.

Depois que essa ficha caiu para você (é fundamental se reconhecer como procrastinador para dar início ao processo de "cura"), nunca mais repita que é um. Isso porque tal atitude só servirá para JUSTIFICAR seus furos. "Não estudei hoje porque sou muito procrastinador". Como se fosse uma condição imposta a você! NÃO É! Pare de agir como se fosse. **Isso só enfraquece e desautoriza seu adulto.** Consequentemente, termina por empoderar ainda mais a criança. E nós não queremos isso!

Você é um **ADULTO CAPAZ**. Repetir isso gera AUTORRESPON-SABILIDADE. Afinal, o que adultos capazes fazem??? Fazem o que precisa ser feito e pronto! Sem mimimi!

2) PROVE DIARIAMENTE PARA A CRIANÇA QUEM É QUE MANDA.

Já botou criança para dormir quando ela não está a fim? Ela vai pedir para beber água, comer, ir ao banheiro, ver TV, ouvir uma história e REPEAT EM LOOPING!

Todo mundo sabe reconhecer esse papo furado, né? Pois bem. **Sua criança interior faz o mesmo com você, que cegamente obedece a cada pedido sem questionar.**

O melhor jeito de acabar com um surto de pirraça é **IGNORANDO**. A birra perde força se não recebe atenção. **Faça o mesmo diante dos choros da sua criança interior! IGNORE! Tem que estudar mas quer sair para passear? IGNORE essa vontade.** Ela vai passar, creia. Você não vai morrer porque não fez o que queria, certo? Lembre que essas vontades na hora do estudo são artimanhas da criança. São como os pedidos na hora de dormir. Não caia nesse papinho! Depois de várias ocasiões em que a criança chata foi ignorada, notará que ela vai chorar cada vez menos. Vai te dar beeem menos trabalho.

QUE TAL ASSINAR ESSA LEI ÁUREA?

Estudar, por mais que não seja como drinks à beira mar, não é também nada próximo de ser chicoteado no sol. Logo, não é tão ruim assim. NO DRAMA! Há coisas piores na vida do que estudar para ter um bom emprego, ok? BEM PIORES! Ser dominado por uma criança que pouco liga para seus sonhos e que te faz de gato e sapato é uma delas.

Liberte-se do seu pequeno feitor! Você tem esse poder!

EXERCÍCIO MENTAL	
ATITUDES DA CRIANÇA	**ATITUDES DO ADULTO**

DESÇA DO MURO!
10 CERTEZAS SOBRE A CRISE

Que dúvida, né colega? Estuda para concurso ou arruma um emprego na iniciativa privada? Estuda para concurso ou faz um mestrado para depois fazer concurso para alguma universidade ou até dar aulas nas faculdades particulares? Pelo menos, se tudo der certo, poderá receber uma bolsa por uns tempos. Estuda para concurso ou vai morar no exterior para tentar a vida? O Canadá sempre precisa de gente. Será por causa do frio? Estuda para concurso ou vira empreendedor? E as notícias do cancelamento dos concursos públicos para sempre? Imagina estudar em vão!

O cenário é de incertezas. Entretanto, algumas coisas precisam ficar claras para que você possa tomar a melhor decisão para sua vida:

1 – Esse papo de *apocalipse concursístico* não existe.

Pessoal, ainda que rolem algumas privatizações, a máquina pública continua existindo e precisando de GENTE para trabalhar. Quase todo concursado que conheço (e eu sou cercada de concursados) está em um órgão carente de servidores. MUITO CARENTE.

2 – As vagas estão REPRESADAS!

Os concursos estão escassos há algum tempo. Por hora, teremos um aqui e outro ali. Em um futuro não tão distante para quem ainda tem muito o que se preparar, as vagas terão que ser preenchidas. Que tal por você? Tenha certeza: se não for por você, será por alguém que foi mais sagaz, disciplinado e esperançoso nesse período de "seca". Depois não vai adiantar chorar.

DESÇA DO MURO! 10 CERTEZAS SOBRE A CRISE

3 – Quanto menos concursos, mais feroz estará a concorrência.

A necessidade/desespero é uma fonte inesgotável de motivação.

4 – Preparar-se depois da publicação do edital é para amadores.

E amadores não passam. Mas disso você, lá no fundo, já sabia.

5 – Não tá fácil para ninguém! Mas garanto que está PIOR para quem não sabe se tem emprego amanhã.

O servidor pode estar sobrecarregado (precisamos de gente! Venha nos ajudar!), sem reposição da inflação em alguns órgãos, e até com o salário parcelado em outros, mas mesmo assim a situação está ótima em comparação com a iniciativa privada. Tô dormindo tranquilamente com a minha suada estabilidade. Só te digo isso.

6 – Sustentar a Saraiva, Submarino, Juspodivm, cursinhos e não estudar com afinco, dando sangue/suor/lágrimas, NÃO ADIANTA NADA!

7 – Estudar meia-boca para aliviar consciência e dar satisfação para quem banca seus estudos – além de inútil – é muita falta de consideração com você e com quem te ajuda.

8 – Sentar no cantinho e reclamar da dureza da vida não rende bom futuro para ninguém.

9 – Posso desabafar? Organizar material de estudo dia sim e outro também é muita autoenganação!

Organização é importante sim, mas gaste apenas o tempo necessário com essa atividade.

10 – FICAR SENTADINHO(a) CONFORTAVELMENTE EM CIMA DO MURO DA DÚVIDA É A MAIOR PERDA DE TEMPO DO MUNDO.

Com a desculpa de precisar pensar bem sobre que rumo tomar, você corre da gigante – e por vezes opressora – responsabilidade de tirar sua vida do chão. Eu conheço muuuita gente que parou a vida para decidir. E quando decide, volta atrás milhares de vezes. Anos se passam e a pessoa não fez nada bem feito! Nem o mestrado (que largou), ou o estudo para concursos (que é mais um plano mirabolante do que qualquer outra coisa), ou a mudança de país (que consiste basicamente em ver fotos na internet do lugar dos sonhos). O tempo VOA! cinco anos, dez anos VOAM! Não se permita estagnar a vida em razão da dúvida. CERTEZA ABSOLUTA nenhum de nós tem. Sobre nada. TUDO É UM RISCO. Acostume-se a lidar com isso. Escolha um caminho, desça do muro e SIGA COM A VIDA. Tempo é artigo de luxo. Não pode ser desperdiçado.

EXERCÍCIO MENTAL	
INCERTEZAS	**COMO DRIBLÁ-LAS**

REPROVAÇÃO: MANUAL DA "BAD"

Reprovar é, para a grande maioria dos concurseiros, parte NOR-MAL e ESPERADA do processo. Aprender é, quase sempre, resultado de uma série de TENTATIVAS e ERROS. Claro que com as técnicas certas de estudo, orientação adequada e bons materiais os erros serão menos numerosos. Contudo, nenhuma caminhada é perfeita, sem tropeços. Nem a daquele caso de sucesso que você leu esses dias. O quanto antes você acreditar nisso, menos vai sofrer. Para te ajudar a sobreviver pós--reprovação, elaborei o Manual da Bad.

COMO VIVER A BAD BEM VIVIDA

Você reprovou. Tanto esforço, tantos sonhos para a vida de aprovado, tantos post-its colados pela casa. Você olha para seus livros, suas canetas espalhadas, o edital rabiscado. E dá uma enorme vontade de sentar no cantinho e chorar. Sua autoestima vai cair velozmente após a notícia da reprovação. Você vai começar a pensar nas explicações que dará à Santa Inquisição do Concurseiro (vizinhos, "amigos", tia chata...) quando questionado sobre a prova. A esmagadora sensação de que você foi, é e para sempre será INSUFICIENTE. REPROVA-DO. Será que deu o passo maior do que a perna com essa história de concurso? Será que tem inteligência para passar? Será você o caso da criança prodígio que deu errado? QI abaixo da média, talvez? Os pensamentos mais loucos e derrotistas passam pela sua cabeça. Ok. A "bad" se instalou. O que fazer?

Bora viver essa sensação de fracasso como manda o figurino! Segurar a "bad" faz mal à saúde! Chore. De preferência no chuveiro e cantando uma música bem deprê. Escorregar na parede, estilo novela mexicana, potencializa os efeitos. Mulheres: rímel escorrendo é um "plus". Pode exagerar. Para quem se sente constrangido em externar o sofrimento, escreva em um papel todas as sensações. Ou vá caminhar, correr, suar a dor. Desabafe com alguém. Tire miniférias. Vá espairecer, se divertir, deixar o assunto concurso de *standby*. Só há uma limitação para a sua espiral da loucura: a duração.

PARÊNTESES - 5 COISAS QUE NÃO ACONTECEM QUANDO VOCÊ REPROVA:

1. O chão não se abre para te engolir.
2. O mundo não vai te olhar, apontar e te julgar.
3. Você não se torna vitaliciamente reprovado. Outros concursos, novas chances.
4. A reprovação não mede sua inteligência. Você não se torna menos inteligente do que era antes da prova acontecer.
5. Você não esquece o que já estudou (melhor parte, né?).

Só para lembrar, ok?

IMPORTANTE: VALIDADE DA BAD

Pessoal, tão importante quanto botar para fora a frustração e a tristeza é criar um prazo para que ela acabe. Estipule um, dois, três dias. Otimize seu sofrimento. Sofra intensa e rapidamente. Afinal, você não tem tempo a perder, tem? Defina também quantos dias de descanso precisa para se recompor.

Faça o que for necessário. Só não permita que os sentimentos ruins descritos acima contaminem sua vida, sua rotina e o modo como se vê. Nada vai te prejudicar mais na vida do que internalizar o insucesso, se afundar em autopiedade, culpar o mundo pelos problemas e cobrar de todos, menos de você mesmo, a solução. **Não se esqueça de que quem conduz esse barco é VOCÊ.**

ARREGAÇANDO AS MANGAS

Passado os dias de loucura e os de descanso, é hora de ser pragmático. Faça um levantamento das razões do resultado indesejado e crie um novo plano de guerra. Retome o controle. Empodere-se.

Em que você pode melhorar? Que razões levaram à reprovação? Falta de disciplina? Material ruim? Fez poucos exercícios da banca? Perdeu a calma na hora da prova? Ainda tem pouco tempo de estudo para um certame daquele calibre? Cansaço extremo?

Após o levantamento, vai sentir a esperança e a garra ressurgirem. Finalmente!

Crie seu novo plano de estudo com os ajustes necessários. Reaja! Recomece! Lute! Saia mais forte e mais sagaz dessa experiência. Ah... e pare de falar "derrota". Fale "experiência"! Capriche na PNL (Programação Neurolinguística)!

RESILIÊNCIA

Nunca gostei do exemplo que normalmente usamos para explicar resiliência. Esse papo de que é como um elástico, que depois de esticado volta ao normal, não é uma boa explicação.

Depois de uma "surra" da vida, é importante voltar à ativa e não se deixar abater. Mas você não volta ao normal, a ser exatamente como era. Nããão! Deus nos livre! Se fosse assim, você não teria aproveitado a experiência! Você deve voltar munido de informações mais precisas, com mais resistência para a próxima "surra" (a vida bate mesmo... supere!). **Talvez você volte menos "alegrinho". Não faz mal.** Isso acontece por conta da perda da ingenuidade nessa parte da vida. O importante é voltar com mais garra. Esse é o **NOVO NORMAL.** Pode parecer que o "novo normal" é um estado de amargura. De forma nenhuma! **É o equilíbrio entre "alegrinho sem noção" e realidade.** É um alegre com pé no chão. Vale a pena chegar a esse estado. As alegrias são melhor calculadas e as frustrações são enfrentadas sem piti, de cabeça erguida!

COM O TEMPO...

Verá que aquela sensação péssima pós-reprovação se dissipou. Foi chato, mas – além de sobreviver – você aprendeu um bocado. **No próximo concurso, as suas chances serão MUITO MAIORES.**

Vai se sentir novo em folha. Cheio de disposição e coragem. Não restará nenhum tipo de amargura. Parabéns! Acabou de aprender o que é resiliência e descobriu que tem de sobra! :)

EXERCÍCIO MENTAL	
ERROS COMETIDOS QUE LEVARAM À REPROVAÇÃO	**COMO SOLUCIONÁ-LOS**

A FALTA DE ANSIEDADE

Ansiedade e concurso são assuntos indissociáveis, certo? Errado! Há quem sofra de FALTA DE ANSIEDADE. Isso mesmo! Esse sentimento é importante em nossas vidas e muito útil se bem dosado. É a ansiedade que te faz suportar certas coisas, que te dá forças para ir além. Se tudo está confortável, em paz e sossegado, a tendência é ficarmos um pouco "molengas". Alô, alô! Zona de (DES) Conforto!

Tenho recebido e-mails e atendido alunos nos meus cursos de Coaching com a seguinte realidade: **o candidato não convive com ninguém que está estudando para concursos.** Isso porque ou ele já passou em um concurso menor e todos os amigos já são concursados, ou realmente não conhece ninguém que está estudando.

Viver longe de outros concurseiros – como qualquer coisa na vida – tem seus prós e contras. O pró é que o grau de ansiedade de quem estuda sem ter com quem se comparar tende a ser substancialmente menor. Quanto menor a ansiedade, melhor é a concentração. Já os contras são não ter com quem dividir angústias (só concurseiro entende concurseiro), tirar dúvidas, trocas estratégias de estudo e... ter com quem se comparar. Isso é um contra também!

SIM! Ter referências para comparação pode ser ótimo... em doses homeopáticas, claro!

Explico: quando ninguém mais estuda à sua volta, qualquer esforço que você faça parece o máximo. Todo mundo fica impressionado com sua disciplina em estudar uma hora por dia. Dá uma sensação boa de que tudo dará certo. Você não sente o "peso" da concorrência. Você fica mais "molenga".

Se você estuda uma hora por dia e é cercado de gente com "sangue nos olhos" para passar, que realmente se esforça muito, o incômodo surge. O medo de ficar para trás aparece. De repente, brota em você um certo espírito guerreiro, de luta. Isso é bom! Na verdade, isso é sensacional! Passar um lindo sábado de sol trancado em casa estudando não é para qualquer um. Tem que ser MUITO CASCA GROSSA para fazer isso de novo e de novo. Tem que ter muita garra e foco.

Não estou sugerindo que você passe a *stalkear* concurseiros por aí. Ou paute sua vida, seu cronograma e seu senso de realização nos outros. Não mesmo! Já falamos muito sobre como esse tipo de atitude gera desesperança, piora a autoestima e – consequentemente – atrapalha os estudos. Tendemos a engrandecer o outro e a nos diminuir. Não alimente esse monstro dentro de você. Mas comparar-se moderadamente pode apimentar seus estudos. **E quem aí está muito necessitado de um "sacode"? Sabemos que o marasmo é altamente contraproducente.**

Então, se você é um concurseiro solitário e está achando o processo supertranquilo, cuidado! Algo está errado. Listo abaixo algumas dicas para você sentir uma dose saudável de pressão:

1 – Faça concursos.

Nada como chegar ao local de prova e ver aqueeeela multidão. Ô, alegria! #sqn

Sentir-se um grão de areia no meio daquela gente toda é uma ótima forma de enxergar a verdade: sua vaguinha no serviço público virá apenas com muito sangue, suor e lágrimas!

Fora que ver o nome lá no fim da suplência, ou nem ver o bendito, é como sentir o Capitão Nascimento gritando com você, te mandando pedir para sair. Sempre bom! :)

2 – Faça amigos concurseiros.

Se você não tem nenhum amigo concurseiro, faça alguns pela internet. São incontáveis os fóruns de concurso em sites diversos ou grupos de estudo no Facebook. Sigo muuuitos alunos e meu feed do instagram só tem cronograma, foto de mesa de estudo e coisas do gênero. É disso que você, concurseiro excessivamente sossegado, precisa. Esse contato pode ser muito reconfortante também. Todo ser humano precisa se sentir parte de um todo. Ver outras pessoas no perrengue pode – além de gerar um "medinho produtivo" – te fazer sentir menos diferente ou sozinho.

Alerta: redes sociais podem ser o início do fim se mal utilizadas.

3 – Crie metas de volume.

Você está aí, tranquilão ou tranquilona, com a sensação de ser o único concurseiro da Terra. Para adicionar uma pressão produtiva na sua rotina de estudos, crie metas de volume. Anote quantas páginas, capítulos ou questões pretende fazer em 1 mês, por exemplo. Verá que não terá muito tempo livre se quiser bater a meta. É legal também fazer uma meta de longo prazo. Pegue seu edital dos sonhos determine metas para cumprir cada item. Faça uma checklist com o conteúdo de cada matéria. Vá "ticando" de vermelho o que já viu. Isso vai gerar uma noção clara do quão loooongo é o caminho e você sentirá que não há tempo a perder.

EXERCÍCIO MENTAL	
MOTIVOS QUE GERAM TRANQUILIDADE EXCESSIVA	REALIDADE

QUAIS SÃO SUAS ÂNCORAS MENTAIS?

Hoje, se está se sentindo paralisado diante dos desafios, talvez seja porque coleciona âncoras demais. É hora de deixá-las para trás, amigo(a).

Vamos começar com um exercício: **Quais são suas âncoras mentais?**

Aposto que assim, de supetão, você não tem uma resposta. Mas já sabe do que estou falando, não é mesmo? Todos nós vamos juntando âncoras ao longo da vida, e quanto mais juntamos, mais pesada fica nossa caminhada. Arrastá-las por aí não é tarefa fácil.

Vou te ajudar a lembrar. **Partiu brainstorming!**

Lembra daquele dia em que seu pai ou mãe, no calor do momento, lhe disse que você é preguiçoso(a), ou que tem dificuldade em matemática ou português? Ou que seu irmão era mais inteligente do que você? Lembra de algum adulto que lhe questionou porque raios você não poderia ser mais como o Joãozinho ou como a Mariazinha?

Lembra da professora do colégio? Aquela que te disse uma vez que você era tão indisciplinado e desatento que nunca seria ninguém na vida?

E daquele dia em que você foi apresentar um trabalho na frente da turma toda, travou ou gaguejou um pouco? Os segundos que se seguiram até que pudesse retomar sua apresentação não só pareceram uma eternidade como te fazem crer – até hoje! – que não fala bem em público.

E na faculdade? Como esquecer daquela pessoa especial que te esnobou por você não ser a pessoa mais bem-sucedida, bonita ou descolada do mundo naquela época? Você se sentiu a última das criaturas, né? E aquela pessoa invejosa que nunca suportou te ver brilhar em nada e lhe disse que você deveria parar de se iludir e se conformar que as coisas nunca mudariam para melhor? Não podemos esquecer dos parentes mais abastados, que sempre lhe trataram como um "pobre coitado(a)", um fracassado(a). Dói, né?

QUAIS SÃO SUAS ÂNCORAS MENTAIS? **121**

E o amigo do trabalho, que te classificou como incompetente só para criar intrigas e tentar te deixar mal com o chefe (para que o figura pudesse ser o destaque do local)?

E os vizinhos fofoqueiros? Nossa... é muito chato saber que dizem que você é uma pessoa encostada, que "deu errado" na vida, falhou e "diz que estuda, mas nunca passa em nada".

Quando somos crianças (ou mesmo adultos sem muito filtro mental), absorvemos comentários assim como verdades absolutas. Inquestionáveis. Cada situação como as citadas contamina a imagem que temos de nós mesmos. Deturpa a visão que temos das nossas potencialidades. Vamos murchando com o tempo. Ficamos acuados, com medo de nos expor, com medo de tentar o novo. Com medo até do sucesso e da felicidade. Questionamos nosso grau de merecimento. Ficamos com vergonha de nós mesmos.

Cada comentário desses que você acreditou virou uma âncora na sua cabeça, na sua alma, no seu coração. E sabe o que acontece? Você começa a sonhar menos, querer menos, achar que merece menos. Consequentemente, passa a se esforçar menos! Isso mesmo! Se acha que não vai conseguir realizar seus sonhos e que, se por um milagre conseguir, não o merecerá, para que vai se esforçar? Por que dará o seu melhor?

Garanto que você NEM CONHECE o seu melhor. Nunca o viu, pois achou que nem existisse. Dentro de você está a SUA MELHOR VERSÃO! Creia em mim.

VOCÊ PODE, DEVE E MERECE CONHECER E SER SUA MELHOR VERSÃO.

Para isso, o autoconhecimento é o caminho!

Quantas âncoras você coleciona? Identifique todas. Lembre-se de cada uma delas, de quando surgiu em sua mente. Esse processo é bem dolorido.

Depois, ressignifique o evento que gerou a âncora. Reinterprete com seus olhos de adulto. Reconte a história de forma POSITIVA.

Antes que você me pergunte como fazer isso, te digo: COMECE FINGINDO!

É isso mesmo!

Acha que é preguiçoso? Reconte a história mentalmente com outro final. Um desfecho em que você não seja preguiçoso. No começo, pode ser difícil e parecer meio forçado. É assim mesmo! Finja que não é preguiçoso(a), devagar, desmemoriado(a), desconcentrado(a), fracassado(a), reprovado(a), _____ (insira aqui sua âncora!).

Comece a agir de modo diferente. Seja proativo, atento, motivado. Ande e sente-se de modo ereto, como quem tem controle sobre a própria vida.

TIRE O PODER DE QUEM AJUDOU A CRIAR SUA ÂNCORA E EMPODERE-SE!

O "teatro" para você mesmo logo começará a ficar mais e mais confortável. A âncora ficará no chão, para trás, e você caminhará LIVRE para ser quem quiser ser. Não sentirá mais que estará fingindo ser melhor do que é. Perceberá que sempre foi assim, mas que tudo isso estava abafado dentro de você. Sentirá MUITO MAIS LEVEZA nos seus dias.

Peço, de coração, que reflitam sobre o que falei e que apliquem o que disse. E não se esqueçam de me escrever para contar os resultados que notarão. Pois certamente notarão. E em breve.

EXERCÍCIO MENTAL	
MENTIRAS NAS QUAIS ACREDITEI	REALIDADE

NÃO ESPERE A MOTIVAÇÃO PARA COMEÇAR

Falamos muito sobre técnicas de estudo, formas de revisar, melhores bibliografias. Todavia, o que mais nos falta não é técnica e sim força interior. Claro que há muitos concurseiros que estão perdidos, estudando "em círculos", sem planejamento, sem cronograma, sem técnica e com material ruim. São muitos os erros possíveis – que já vivi ou testemunhei – nessa caminhada de concurso. Contudo, para tudo isso a solução é simples: ou a pessoa recorre a um coach ou lê muito sobre o assunto, troca figurinhas com concurseiros mais experientes e vai aprendendo na tentativa e erro.

Hoje quero conversar com você, que sabe exatamente o que deve fazer, mas não faz. VOCÊ QUE ESTÁ AÍ ESPERANDO UMA CHUVA DE MOTIVAÇÃO TE TIRAR DO MARASMO e te fazer correr atrás.

Sempre digo que o mais difícil não é estudar. Essa é a parte fácil. O verdadeiro desafio está em um plano muito mais abstrato. Está em desenvolver e – principalmente – manter a força interior. Chamem como preferir: animação, motivação, coragem. **Você nunca está cheio desse sentimento antes de começar. O verdadeiro espírito guerreiro é forjado na batalha. Em campo.** Ele cresce com os obstáculos superados. **Nada nos motiva mais do que o vislumbre do sucesso.** E como saber o quanto realmente podemos sem o duro teste do dia a dia? Motivação baseada só na força no pensamento positivo nada mais é do que fantasia. E fantasia, por mais gostosa de se acreditar que seja, sempre desmorona quando a realidade bate à porta.

A verdadeira e mais perene motivação é construída. Ela leva tempo para crescer e se consolidar. Isso porque ela é baseada em FATOS.

Darei um exemplo bem cotidiano: você começa uma dieta e um programa de exercícios para se tornar uma pessoa mais saudável. Daí alguém te convida para um aniversário... de criança! Você chega lá e encontra toda uma profusão de docinhos e delícias. Vamos ver como seu cérebro interpreta suas atitudes diante desse "impasse":

Se você cede à tentação:

Na festa: "Dieta jogada no lixo. Bora enfiar o pé na jaca. Já estraguei tudo mesmo!"

Já em casa: "Sou fraco(a). Não consigo me conter. Sou indisciplinado(a). Não tenho jeito mesmo. Nunca alcançarei meus objetivos".

Ocorre, portanto, um reforço NEGATIVO da percepção que você tem de si mesmo. Sua motivação é minada.

Se você resiste à tentação:

Na festa: "Nossa! Que difícil! Será que aguento até o fim?"

Já em casa: "Ainda bem que não furei a dieta. Nossa! Sou mais forte do que imaginava! Se eu consegui ignorar aquele tanto de brigadeiro, eu ignoro qualquer coisa. Sabe que eu acho que dessa vez a dieta vai dar certo? Sou superdisciplinado(a). Logo começarei a ver os resultados!"

Ocorre, portanto, um reforço POSITIVO da maneira como você se avalia. Sua motivação é reforçada.

Quanto maior o obstáculo transposto, maior a motivação que nasce a partir daquele momento de superação. Isso porque damos mais valor ao que nos custa, ao que demanda muito de nós.

O mesmo ocorre com os estudos. Estudar em dia de chuva é fácil. Estudar sem nenhum problema na cabeça, com tempo e sem sono é MO-LE-ZA! **O que vai tornar sua motivação e convicção no sucesso inabaláveis é a superação dos VERDADEIROS DIAS DE LUTA:** aquele sábado de sol maravilhoso que você não curtiu praia com seus amigos, uma quinta qualquer em que você estava convencido(a) de que passar em um concurso era um sonho distante demais para você, aquele dia em que a grana estava mais do que curta e tudo parecia tão impossível e imutável ou HOJE, um dia em que parece que o mundo todinho está se divertindo e com a "vida ganha", menos você. Se você caminhar em dias como HOJE, vai conseguir caminhar SEMPRE e nada é mais poderoso do que ter essa capacidade dentro de si.

DESMOTIVAÇÃO NÃO TE IMPEDE DE CAMINHAR, SÓ TORNA O TRAJETO MAIS SOFRIDO. Se está hoje cabisbaixo(a), desacreditado(a), achando que seu plano de sucesso é só um delírio, **CAMINHE ASSIM MESMO! CAMINHE O MÁXIMO QUE PUDER.** A verdadeira motivação brota justamente de dias como hoje.

EXERCÍCIO MENTAL	
ATITUDES DESMOTIVADORAS	**ATITUDES MOTIVADORAS**

VOCÊ É MIMADO(A)?

Quando pensamos em uma pessoa mimada, frequentemente imaginamos uma criança. Daquelas que se jogam no chão do supermercado quando a mãe nega um chocolate. **O engraçado é que a gente esquece que adultos também agem assim, só que com um pouco mais de discrição...rs**

Isso acontece quando a vida nos diz aquele sonoro e doído NÃO! Espera-se maturidade de um adulto, mas idade e maturidade nem sempre andam juntas. Já parou para pensar como agimos como adultos mimados? É constrangedor, mas quem nunca, não é mesmo?

Já viu aquele casal que briga o tempo todo e vive falando mal do outro, mas que não se separa? Sabe o que são? MIMADOS!

Oi?!

É isso mesmo, gente. **Quando algo não é para ser, não é "nosso", não funciona, devemos ter a sabedoria de abrir mão. Bola para frente!** Não era a nossa vez do "felizes para sempre". Melhor criar um "vácuo" na vida para coisas boas entrarem. Lei da física: dois corpos não ocupam o mesmo lugar no espaço! Se você não tira o "velho", o "novo" fica sem lugar. Não consegue chegar até nós! Já ouviram falar da "Lei do vácuo para a prosperidade"? É isso!

Mas somos pirracentos! Brigamos com os fatos e com o destino. Achamos que nossa vontade tem sempre que prevalecer. Novidade para você: não é assim que o mundo funciona.

Já viram aquela pessoa que quer emagrecer, come errado, é sedentária e só porque deixou de comer 10 bombons por dia e passou a comer cinco fica CHO-CA-DA que não consegue perder peso de maneira significativa? Outra criatura MIMADA! O preço que seu corpo cobra de você para emagrecer é X. Você paga metade disso e fica chateado(a) que não ganhou seu prêmio? Ué! Você não fez o suficiente para merecer! Vai ganhar, no máximo, meio prêmio! O preço que queremos pagar ou que achamos justo muitas vezes DESTOA COMPLETAMENTE do preço real, que a vida nos cobra. Ok. Você pode não concordar com o preço cobrado. Direito seu. Mas não chore no cantinho se o resultado pretendido não aparecer.

Afinal, quando você quer comprar uma roupa e a vendedora te diz que custa 200 reais, você não vai sair da loja dando piti se resolveu pagar 50 e a moça não te entregou a peça, vai? Se você assistisse a uma cena dessas, iria achar a pessoa completamente maluca, certo? Mas fazemos isso o tempo todo em nossas vidas. Só não nos damos conta.

Dar-se conta é o que chamam por aí de **AUTOCONSCIÊNCIA**. Sem isso, nada em nossa vida flui. E ficamos paralisados sem entender o motivo dos fracassos.

Finalmente, transfiro os conhecimentos passados acima para o mundo dos concursos.

Tem gente que faz um esforço X para passar em uma prova. Qualquer esforço é digno de aplausos, claro. Entretanto, imagine que a banca, o "cosmos", a "vida", o "destino" ou seja lá o que for cobrou para essa prova o preço de 10X para você passar. Você pagou X, lembra?

Você reprova. Ok.

Antes que eu continue, um detalhe: há momentos em que tudo o que podemos pagar é o bendito X. Juntamos todas as forças, mas só conseguimos X. Isso acontece com quem teve pouco tempo para estudar, com quem ficou doente perto da prova, com quem começou a estudar e não teve o tempo para deixar a poeira baixar e a matéria ser assimilada, com quem ainda não tem tanta experiência em concurso, com quem perdeu de 10 a zero para a ansiedade... mil motivos. Já vi aluno sofrendo e dizendo: "Fiz o meu melhor, mas sou tão incompetente que o meu melhor não foi suficiente"! Gente, o seu melhor varia ao longo do tempo!!! Com estudo focado e dedicado, o seu melhor daqui um ano será MUITO MAIS que o seu melhor hoje.

Continuando...

Em vez de tentar entender o que aconteceu, em que errou, como melhorar e se conformar que AQUELA PROVA não era a SUA VEZ (mas outra certamente será), o que você faz? Começa a alardear aos quatro ventos a "injustiça" que você sofreu, chuta o pau da barraca e para de estudar porque "não adianta mesmo", fica deprê e entrega os pontos. Sério? Jura mesmo que você vai "se jogar no chão do supermercado"? Você realmente acha que todas aquelas pessoas que estavam na sua frente na classificação foram agraciadas por uma generosa dose de sorte? Posso te assegurar que não. **Engolir o choro – e o ego – às vezes é necessário. Faz crescer.**

Reflita se seu desânimo para estudar não é nada mais do que pirraça. Você quer o bônus, mas não quer arcar com o ônus, ou – pelo menos – com o ônus que lhe é cobrado. Não é você quem dá o preço. Você só decide se paga. Pense nisso.

EXERCÍCIO MENTAL	
PIRRAÇAS	**ATITUDES DE ADULTO**

MAIS CONCENTRAÇÃO?
SEGURE SEU MACACO!

A VIDA NÃO VAI PARAR PARA VOCÊ ESTUDAR. Você ainda terá que fazer supermercado, cuidar da febre do filho, pagar contas, resolver problemas no banco (e ficar hoooras na fila), terá que ir ao médico, ficará doente, amigos queridos se casarão e te convidarão para a festa imperdível. Você receberá visitas inesperadas. Leis mudarão, materiais ficarão desatualizados, sua impressora vai quebrar. Você vai continuar sentindo fome e – principalmente – sono. Seu celular vai tremelicar o dia todo com as mensagens de WhatsApp. Aqui cabe a frase da moda: "Aceita que dói menos".

Pense em uma floresta com centenas de árvores. Cada árvore com dezenas de galhos. Cada galho da floresta é um assunto na sua cabeça. Pense agora em um macaco. Ele é o seu foco. **Se a gente não treina a mente, o macaco (incansável e incessante) pula de galho em galho.** E esse ritmo (da sua cabeça) muitas vezes não está em sintonia com o mundo exterior. Prova disso é que você está em seu canto de estudos com o material de Controle de Constitucionalidade na sua frente (mundo exterior) e o macaco está no galho "mágoas do passado", "planos pós--posse", "problemas a resolver", "séries a assistir". O macaco não está no galho "Estudar". Essa falta de sincronismo gera dispersão. A dispersão gera culpa, ansiedade, frustração. Uma bomba atômica sobre seu plano de estudos. Quando o atraso no planejamento fica grande demais você chega no último estágio de consequências da dispersão: a desistência. Tudo ruiu. Seu plano de vida agora consiste em um monte de escombros.

O macaco, quando frenético em seus pulos, te prejudica de mais formas do que pode imaginar. Quando você deita para dormir o macaco tinha que ficar mais sossegado, certo? Mas nem sempre ele aceita parar. Você tenta de tudo, mas o infeliz não para de pular. Quanto mais tarde, maior a inconveniência dos galhos que ele escolhe: "arrependimentos", "bad sem motivo", "amores mal resolvidos", "fracassos diversos", "cenários/diálogos delirantes criados por mim e que provavelmente não vão se concretizar". O céu é o limite! Quanto mais noites maldormidas, mais alucinado fica o macaco. Menor é a sua concentração no dia seguinte. Ciclo vicioso.

Depois de um tempo vivendo assim sua imunidade começa a sofrer. Alguém espirra na esquina e parece que você já pegou H1N1. Tá doente. Não estuda. Culpa. E o macaco? Tá ótimo! Obrigada! Gozando da mais plena saúde! IMORTAL, aquele pestinha!

Muita gente ainda acha que você nasce assim e morre assim. Infelizmente você não veio com o chip "de boa" de fábrica. Está sempre com a cabeça cheia.

Aviso 1: Isso não é destino!

Aviso 2: Você não tem tempo para vitimismo!

A nossa mente é como nosso corpo: aceita treinamento. E assim como um corpo sarado não simplesmente acontece, uma mente treinada demanda esforço. A natureza do macaco é ficar de galho em galho. Ele está pouco se lixando para seus estudos e seu cronograma. Nem adianta tentar dialogar com ele. ELE NÃO LIGA! Ou seja: seu foco não vai brotar com mágica só porque você sabe que precisa e quer muito ficar concentrado para estudar. Você terá que trabalhar por ele. **Terá que adestrar o macaco.** E ele é rebelde, viu? Você vai suar para parar o danado no galho certo na hora certa.

COMO ADESTRAR SEU MACACO

Já ouviu falar em **MINDFULNESS**? Significa **ATENÇÃO PLENA**. Basicamente é uma modalidade de meditação que estimula a pessoa a se concentrar no aqui e agora. Nada de passado. Nada de futuro.

Não tem nada a ver com religião, só para esclarecer. Trata-se de um treinamento mental.

Coloque o macaco (foco) no galho "respiração". Inspire e expire lentamente. Muitas vezes. Sua atenção deve estar no ar entrando e saindo das narinas. No movimento do peito e da barriga. Nada mais.

MAIS CONCENTRAÇÃO? SEGURE SEU MACACO! **131**

Não se iluda. Seu "pet mental" vai ficar inquieto. Quando você notar que o macaco pulou para outro galho, traga-o de volta. Sem brigas. Sem julgamentos. Só traga o bendito macaco de volta. Tenha paciência.

Com o tempo (algumas semanas), ele vai ficar mais dócil. Menos frenético. Ele vai continuar pulando, claro. Mas as puladas serão cada vez mais espaçadas. Isso significa que você está criando o tal do FOCO. É como correr uma maratona. Não basta querer muito. É preciso treinar e ver a evolução gradual. E não adianta muito (ou nada) correr uma vez a cada 15 dias. Você evolui correndo diariamente. Faça seu exercício de atenção plena todos os dias.

Pratique antes de começar a estudar. 15 minutinhos. Se tiver dificuldade de desligar a mente para dormir, pratique novamente. É bem mais eficiente do que ficar horas vendo TV para desestressar.

Há aplicativos para isso. Uns pagos, outros grátis. É possível também usar o Youtube para uma meditação guiada. É mais fácil do que fazer sozinho.

BENEFÍCIOS PARA O CONCURSEIRO

- Mais concentração
- Menos ansiedade
- Menos medo
- Menos dores
- Imunidade melhor
- Sono melhor
- **Mais dias de cronograma cumprido com qualidade**

TUDO BESTEIRA

Acha tudo isso uma grande besteira? Pois saiba que atletas do calibre de Michael Phelps e LeBron James discordam. São adeptos do Mindfulness.

Para que possam ser realmente excepcionais, precisam atuar em um estado conhecido como FLOW (fluxo). Trata-se de um estado de total concentração e calma. Algo como um transe. Imagine se o LeBron na final do campeonato de basquete, responsável pela cesta do desempate, nos segundos finais, resolve parar para pensar nos flashes, na repercussão da mídia, como será bom ganhar ou como será horrível perder. **Não se abalar e ter FOCO não é para quem quer. É para quem TREINA.**

Agora imagine você. Minutos finais da prova. Gabarito por marcar. Várias questões ainda sem resposta. Como lutar até o último segundo e cumprir a missão sem surtar? Como focar nos estudos com tantas coisas por fazer em casa? Com tantas mensagens no celular? Com tantas distrações (alegrias e problemas)? Como estudar após um fim de relacionamento? Após um dia difícil no trabalho?

Simples: sente-se em um local calmo e silencioso. Respire lentamente e... segure seu macaco!

EXERCÍCIO MENTAL	
O QUE ME DISTRAI	O QUE GERA CONCENTRAÇÃO E FOCO

VOCÊ É GUIADO PELO MEDO?

Pergunto assim mesmo, sem rodeios. Fico abismada em notar quantos dos meus alunos sentem um verdadeiro pavor diante da exposição das próprias fragilidades. Não só para o mundo, mas para si mesmos. **Ora, se você não tem consciência dos pontos fracos, como driblá-los?** Dar as costas para o problema só vai facilitar um ataque por trás, sorrateiro, sem chance de defesa. Mas a vontade de ignorar a questão é tão imensa que você acha que a maior vulnerabilidade ao ataque inesperado é um preço justo a se pagar pela falsa segurança que sente ao se proteger.

Alguns exemplos práticos para ficar bem claro do que eu estou falando. Digam se qualquer semelhança é mera coincidência:

CASO 1 - Você tem um cronograma a seguir. Ele é claro: você precisa fazer uma prova de Português essa semana. Pois bem, o que você faz? Lê mil textos sobre como fazer a prova. Afinal, você precisa "se preparar", "afiar o machado". O tempo de estudo se esvai, a prova não é feita. Mas ler sobre como fazer provas conta como estudo, né? Então está tudo ok.

CASO 2 – Você se planeja para estudar Direito Constitucional. Sabe que fazer muitas questões é CRUCIAL para que tenha chances de aprovação. Você lê o capítulo, você faz um resumo, um mapa mental lindo e colorido (que você gastou hooooras pintando)... mas questão que é bom, nunca "dá tempo". Você faz qualquer coisa, menos enfrentar aquela bateria de questões. Mas não tem problema: você leu a matéria, fez o resumo. Logo, fez sua parte. Então está tudo ok.

CASO 3 – Sai um concurso bastante similar ao seu concurso-sonho. Oportunidade de ouro para testar não só seus conhecimentos, mas também colocar o equilíbrio psicológico à prova. Você se inscreve? Não. Afinal, vai atrapalhar o cumprimento do seu cronograma naquele fim de semana. Uau! Superesforçado você, hein! Nada atrapalha seu estudo. Nem o concurso! Mas está tudo ok... você vai ficar em casa para estudar. Pena que justo naquele fim de semana você "teve que ir" ao churrasco, à praia e ao cinema – tudo isso com a forte sensação de que deveria era estar naquela sala de prova. Notou que em dia de concurso para o qual você poderia (e – muitas vezes – deveria) ter se inscrito seu estudo misteriosamente não rende?

Sabe por que você age assim? Porque está com medo. Na verdade, está aterrorizado. Quando alguém fala de um concurso com você e pergunta se vai se inscrever, sente-se imediatamente acuado. Gente mais intrometida! Mas você está com medo de quê, afinal? O que aquela prova ou bateria de questões tem que consegue te desestabilizar tanto?

Vou escancarar, tá?

Você está com medo de constatar que foi mal. Na verdade, que foi péssimo. Que – diferente do que acreditou secretamente a vida toda – não é lá tão brilhante nem especial. Não tem taaanta facilidade como imaginava. Ver-se lá na rabeira do cadastro de reserva, ou pior, nem dar as caras por lá, vai ser um golpe por demais duro na sua frágil autoestima. **Descobrir que o sonho pode estar mais longe do que pensava e que – consequentemente – há muito chão pela frente pode doer mais do que você desconfia que consegue suportar.**

Teme não se recuperar do baque de uma reprovação. E nada mais antirreprovação do que não aparecer para fazer prova! Você perde por WO, mas não perde guerreando. Assim, não fica comprovado que você não conseguiu. Você continua sem saber como de fato está nas matérias. Fica sem saber se falta muito ou pouco para passar. A dúvida é melhor do que a certeza da dificuldade.

Já ouviu que o ser humano só faz as coisas para ter prazer ou evitar a dor? Você tá no time do "evitar a dor". Veste a camisa e tudo... e nem percebe! Para você, meu amigo ou minha amiga, tenho más notícias: NO PAIN, NO GAIN! Sem dor, sem ganho! Simples assim!

Sabe para onde o medo te leva? Para a zona de conforto! E o que tem lá? Sucesso? Não! CONFORTO! Nada além de conforto. E olha que nem é aquele aconchego e coração tranquilo advindos da missão cumprida. O descanso merecido do guerreiro! Nãããão! É um conforto misturado com culpa e uma enorme pulga atrás da orelha. **O estudo está suave demais... e você pressente o desastre à frente.** Afinal, o silêncio precede a tempestade. Está tudo maravilhoso no seu mundo protegido das dores e decepções. Você estuda como quer, quando quer, não faz questões, não faz concursos-teste. Até que sua prova chega! **Daí, meu amigo e minha amiga, o silêncio acalentador se transforma em uma ruidosa tempestade. Seu mundinho fica devastado!** Seu ego fica sob os escombros! O sossego era tão agradável quanto frágil! E por essa você não esperava... Ou esperava e não fez nada quanto a isso?

Além de puxar a orelha e estimular a reflexão, quero te dar um conselho: **Dê a si mesmo um pouco de crédito!!! Você é mais forte do que pensa.** Não vai ter depressão porque reprovou. Nem vai achar que o mundo acabou, ou que nunca vai passar. Não vai jogar seus sonhos, esforço e investimento para o alto porque a vida lhe deu uma rasteira. **A vida ainda vai te dar MILHARES de rasteiras! Saber reprovar com cabeça erguida e coração tranquilo é uma das coisas MAIS IMPORTANTES que você vai aprender nessa vida.** Porque a vida é cheinha de reprovações, de todo tipo, das mais variadas fontes. É cheia de dores, decepções e imprevistos. De redirecionamentos de rotas. Mas também de surpresas, alegrias e sucessos. Se você não se joga, nada de ruim acontece. Nem de bom!

Acredite: VAI FICAR TUDO BEM! Você é forte, você supera! Vai doer? Vai! Mas também vai valer a pena! CORAGEM!

EXERCÍCIO MENTAL	
MEDOS	COMO SUPERÁ-LOS

A SÍNDROME DO ALUNO NOTA 10

Você era a criança prodígio da escola. O orgulho da família. Seu futuro era promissor. Todos apostavam que entraria em uma excelente universidade. E todos estavam certos! Você não só estudou em uma excelente faculdade como era sempre destaque na turma. Orador da formatura! Um sucesso!

Você sempre "flutuou" pela vida, de sucesso em sucesso. Mesmo que estivesse acostumado a ralar bastante para obtê-lo, existia a certeza de que ele – mais cedo ou mais tarde – viria. E ele sempre chegou cedo, não é?

Já formado(a), a realidade começou a mudar. Arrumar um emprego legal é algo mais duro do você poderia imaginar. O salário do primeiro emprego era muitíssimo distante do que você – e todos a sua volta – esperavam. As oportunidades, mais minguadas do que nos seus piores pesadelos.

Eis que você vislumbra a solução, o pote de ouro no fim do arco--íris. Você, a pessoa boa de prova, o arraso do vestibular, o número 1 da faculdade, vai se dar bem... e rápido. Estudar nunca foi problema. Você então se matricula no cursinho, compra um monte de material e se joga no maravilhoso mundo dos concursos!

Os livros são grandes. O tempo é curto. As leis são infinitas. A jurisprudência é uma salada e – para piorar – alguns autores teimam em discordar. As bancas são geniosas. O Cespe acha uma coisa. A FGV outra. Enquanto você tenta lidar com isso, escuta de parentes e amigos que "logo vai passar em um grande concurso! Você sempre foi inteligente". **A cobrança é do peso do mundo.** Não sabem eles que não é mais bem assim? Você se questiona em looping!

Ser um sucesso em comparação aos 50, 100 alunos da escola e da faculdade é – sem dúvida – um feito. Mas estar entre os melhores quando o universo a ser considerado é de 10 mil, 100 mil pessoas... bom, amigo. Aí o papo é outro.

A SÍNDROME DO ALUNO NOTA 10 **137**

Você então começa a questionar sua inteligência e até o seu passado. Como puderam te enganar todo esse tempo? Como assim você não é um prodígio? Hã? O que está acontecendo? Emburreci? Tem jeito? **Se o cenário acima te descreve, parabéns: você foi acometido da síndrome do aluno nota 10!** Há muitos como você. Eu os conheço. Pior, eu era um deles!

Uma vez diagnosticado o problema, vamos analisar a vantagem e as desvantagens da sua "condição":

VANTAGEM: você tem uma boa base

Se você sempre foi um bom aluno, não tenha dúvidas que isso lhe ajudará a passar mais rápido. Seu esforço não foi em vão – embora possa parecer nos momentos de maior desespero.

DESVANTAGEM 1: Você é muito cobrado

Todo mundo tem certeza absoluta de que você passará para juiz ou auditor fiscal em um mês de estudo pois você sempre foi um gênio. Até você, bem lá no fundo, sente uma pontada de decepção conforme o tempo passa. A sua cobrança e a dos outros é pior do que estudar em si, não é mesmo? Fora que o povo adooooora falar. "Já passou? Como não? Mas você sempre foi tão inteligente!" Como se você não fosse mais!!! Além – claro – das histórias mirabolantes de sucesso do filho da vizinha da prima de alguém... aff! Ninguém merece!

DESVANTAGEM 2: Você não sabe perder

Uma reprovação sacode sua autoestima de uma maneira que te faz duvidar do que é capaz. É preciso entender que você não reprovou porque é incapaz. Você não emburreceu. Só não passou porque, naquele dia, naquela hora, naquela prova, tinha gente mais preparada do que você. Isso não quer dizer NADA sobre outras provas. Garanto: aprender a perder dói um bocado... mas você vai sobreviver!

MEU CONSELHO: Desapegue-se da vaidade!

Você é o seu maior julgador. Seu ego dói sem o sucesso que antes o alimentava. Isso é normal. Mas agora as coisas mudaram. Agora, a batalha é entre os grandes. Na faculdade, muitos queriam apenas a presença, o canudo. Agora todo mundo quer o 10. O SEU 10! E você vai ter que brigar por ele como nunca antes. Há um exército disposto a estudar de verdade para garantir uma vaguinha no serviço público.

Para diminuir a pressão e aumentar substancialmente suas chances de sucesso, pense que o 10 agora não é a nota. Nem o primeiro lugar tira 10. A nota 10 agora é o seu empenho, a sua persistência, a coragem. É não se importar com as perguntas pentelhas dos vizinhos e parentes. É você batalhar por você mesmo! Lute por esse novo 10.

Você foi promovido! Você é quem se dá a nota agora. Você já é adulto. Você conquistou esse poder. Use-o!

Seu 10 é o seu dia a dia de estudo, o cumprimento do seu cronograma. É dizer não à balada para acordar cedo para estudar. É trabalhar o dia todo, chegar em casa cansado(a) e cumprir sua meta de estudo.

Batalhe pelo dia nota 10, mas entenda que há momentos em que um oito já uma é supervitória. Ou um sete, ou um seis... Deixe a vaidade do garoto(a) prodígio de lado! Isso era só uma fantasia. Agora você é capaz de algo muito, muito melhor: ser uma pessoa estudiosa, disciplinada, que construiu o próprio sucesso na base do suor e da coragem. E o melhor de tudo: cheia de humildade.

EXERCÍCIO MENTAL	
MEDOS, PRESSÕES, VAIDADES E AFINS	REALIDADE

CONCURSEIRO PERFECCIONISTA: CURE-SE!

A perfeição é um delírio do ego. E isso é fácil de comprovar. Repare que "PERFEITO" nada mais é do que A SUA OPINIÃO de que algo é realmente excepcional. Não diria nem sem defeitos. Não sei se algo assim existe. O meu conceito de perfeito é diferente do seu. O seu é diferente do seu colega. Ué, mas perfeito não pressupõe unanimidade? Reparou que essa ideia não se sustenta?

Ouço MUITO de vocês: **"Se não for para fazer perfeito, eu nem começo"**! Vamos traduzir? "Se não for para atingir os parâmetros de perfeição QUE EU E APENAS EU FIXEI, eu nem começo"!

Quem te nomeou o rei do universo para determinar o que é certo e bom no concurso? **Vamos lembrar que quem dita as regras do jogo é a banca, beleza?** Ela manda. A gente (você e sua coach aqui) obedece. Não confunda as coisas.

Amigo, conselho: não se coloque em uma posição tão ingrata. Todos nós somos imperfeitos e fazemos coisas imperfeitas. **Tire essa cobrança insana de perfeição dos seus ombros já!** Tá todo mundo no mesmo Titanic, ok? Quando você cria regras para atingir uma pretensa perfeição, acaba por confeccionar um fardo pesado e adivinha quem vai carregá-lo? Sim, baby... YOU! **Cobrar de si empenho é louvável. Cobrar perfeição é... bom, delírio!**

Um exemplo prático e clássico: você vai ter uma consulta médica bem no meio da tarde. Isso vai sacudir seu cronograma naquele dia. Como não vai dar para cumprir tudo "perfeitamente", você desanima e passa o dia sem estudar nada. Malandramente, resolve descansar e explica para si mesmo: "Amanhã vai ser perfeito". Você não estuda porque não consegue lidar com o fato de que vai fazer algo "pela metade", "imperfeito". Tá agoniado só de pensar, né? **Note que isso deixa transparecer que baseia importantes decisões de estudo nas emoções. Péssimo hábito.** Se você priorizasse avançar nas disciplinas

140 MENTE CONCURSEIRA

em detrimento de massagear o ego com check, check, check nos seus (repito: SEUS) conceitos de perfeição, estudaria o que fosse possível. Se o ego não ganha massagem ele não te deixa estudar??? Mimado, não acha?

Quer mais um exemplo? **Você estuda devagar demais e quase morre quando finaliza uma aula e muda de assunto.** Você se martiriza pois sente que não estudou o capítulo PERFEITAMENTE. Sua vida é uma perpétua revisão das aulas demonstrativas! Você não sai do lugar. Há um pavor de esquecer algum detalhe ou de ter deixado alguma informação passar. Você inventa que a solução é estudar cinco horas da mesma matéria seguidamente para ver se essa sensação ruim desaparece. Ela não foi embora, né? Sinta-se abraçado. Tamo junto!

PERFECCIONISMO É QUALIDADE?

Quando estava na faculdade, li bastante sobre como deveria me comportar em entrevistas de emprego. Lembro de uma dica em especial: caso seja perguntado sobre um defeito seu, diga que é perfeccionista. Assim, estará – de certa forma – exaltando uma qualidade disfarçada de defeito. Na época, achei genial. Hoje, acho uma furada.

Isso porque o perfeccionista carrega muita culpa, insegurança, vaidade e – muitas vezes – é incapaz de completar tarefas em tempo hábil. E o que é o concurso senão uma tarefa (estudo das matérias do edital e resolução das questões da prova) que precisa ser completada em tempo hábil (até a data da prova)? Complicado, né?

Perfeccionismo não é qualidade! Vamos desconstruir esse **M-I-T-O**! **Perfeccionismo é ser incapaz de priorizar em razão de muita insegurança.** O perfeccionista não é perfeito. Ele é a expressão do MEDO da imperfeição. Ficou claro?

COMO SE CURAR DO PERFECCIONISMO?

Estabeleça horários de estudo razoáveis (nada de cinco horas na mesma matéria). Deu o tempo? Mude de matéria! Esse é o estudo por ciclos. É isso que funciona. É melhor ver a matéria mais vezes na semana por menos tempo do que por muito tempo uma vez na vida outra na morte. Isso prejudica a compreensão e retenção do conteúdo. <u>O bom estudo é feito em CAMADAS</u> (leitura, compreensão, questões, revisões e mais revisões). Não espere que você vai reter tudo na primeira lida. Não vai. Não crie expectativas irreais que só fazem te desanimar ao longo do tempo. É preciso ter PACIÊNCIA de montar as camadas e deixar a matéria amadurecer na mente.

Estabeleça metas de volume. Quanto tem que passar de cada matéria por mês, por exemplo? Se você não definiu isso (a menos que seja bem iniciante), está em voo cego. Fique ciente desse fato. Crie metas executáveis e esforce-se para cumprir. Repare que pós-edital a sua capacidade de cortar o mimimi e priorizar melhora horrores. Sabe a razão desse "milagre"? Edital nada mais é do que meta de volume. **Meta de volume é VIDA! Meta de volume é SUCESSO!** :)

Hoje tô batendo com luva de boxe, né? Mas é que quero O MELHOR para vocês e O QUANTO ANTES! Saibam que eu já fui suuuuper perfeccionista! Fui cobaia de todos os conselhos que me atrevo a dar hoje. Perfeccionismo me atrapalhou MUITO em VÁRIAS ÁREAS da minha vida. Finalizo com uma mais uma dica: **VIGIE-SE. ANALISE-SE. Só assim nos tornamos capazes de mudar.**

Nosso lema: BEM-FEITO É MELHOR DO QUE PERFEITO.

Estamos combinados?

EXERCÍCIO MENTAL	
PENSAMENTOS PERFECCIONISTAS	**PENSAMENTOS EQUILIBRADOS**

AMARELOU? QUEM NUNCA?

Professora, fiz minha inscrição no concurso X mas acho que não estou bem preparado(a). Acho que não devo fazer a prova porque vou perder horas preciosas de estudo. O que você acha? Vou ou não vou?

Ninguém gosta de ser reprovado – estou segura em afirmar. Se não deu tempo de fazer uma boa preparação, as chances realmente caem. Mas será que a melhor opção é realmente não aparecer para o combate? Por outro lado, que mal há em "amarelar" no dia da prova?

Reprovar, mesmo quando fomos para a prova sem estudar uma linha sequer, dói, fere o orgulho e sacode a autoestima. Eu entendo. Eu já estive no seu lugar. Eu já amarelei algumas vezes também. Quem nunca, afinal? Em alguma coisa na vida?

Sabiam que há três formas de "amarelar" e assim sabotar seu plano de aprovação? Siiiim. Vou explicar cada uma:

Não ir à prova --> Um dia de prova não vai prejudicar sua aprovação no futuro. Eu sei disso e você também sabe. Entendo que – na pressão em que vocês vivem – a gente realmente crê que aquele um dia fará toda a diferença do mundo. Mas vamos refletir: quanto da sua vontade de não ir deve-se realmente ao tempo que "perderá" e quanto se deve à angústia de fazer a prova despreparado + esperar pelo gabarito + medo de reprovar? Seja sincero(a)!

Estudar um pouco e fazer a prova sem esforço --> você até vai, afinal, já pagou a inscrição e não tem nada a perder mesmo. Mas na hora, em vez de tentar "tirar água de pedra", dar o seu melhor até o último minuto, você lê a prova apressadamente, marca qualquer coisa e vai embora. Você não quer "amarelar" de vez, fora que é difícil explicar para a família/marido/esposa/amigos o motivo de não aparecer no campo de batalha no dia D. Ao fazer a prova de qualquer jeito, você pode "amarelar" de modo mais discreto. Privacidade é tudo nessas horas, não é mesmo?

Não estudar de propósito --> essa é o medo dos medos. Reprovar sem estudar você até suporta. Mas ralar dia e noite para acumular horas de estudo e não passar seria um golpe duro demais. Em casa, você finge que estuda ou não estuda nada. Você "amarela" antes prova!

Reflita!

EXERCÍCIO MENTAL	
COMO "AMARELO"	**ATITUDE CORAJOSA**

"NÃO AGUENTO MAIS":
COMO TER FORÇAS PARA CONTINUAR

Se você já é um concurseiro de longa data, esse artigo é para você! Eu sei. Não é mole. Você lembra de cada Natal, Ano Novo e aniversário desde que começou a estudar. Em cada um você JUROU que estaria aprovado na mesma data no ano seguinte. E nada até agora. É FRUSTRANTE. Essa é a palavra. É 100% compreensível que se sinta dessa forma. Se serve de consolo, EU JÁ ESTIVE NO SEU LUGAR. Foi uma das experiências mais impactantes, tristes, frustrantes e ENRIQUECEDORAS (na época, não achava nada enriquecedor) da minha vida. Eu entendo a sua dor. MESMO!

Eu sei que você já está parcialmente convencido de que deu um passo errado, de que não tem condições de passar e de que concurso não é para você. Hoje, a falta de opção melhor e a vontade de fazer valer o investimento enorme já feito (emocional, principalmente) te movem muito mais do que o sonho. Você caminha sem alegria (e as coisas eram beeem diferentes no começo). Basicamente, você se ARRASTA pelos tortuosos caminhos do concurso público. Quantas rezas e súplicas você já não fez antes de dormir! Quantos "não aguento mais, Deus"! EU SEI. EU VIVI ISSO. A sensação de que parece que você está CARIMBADO de azar. Você está um caco. EU SEI.

Quem costuma me ler, sabe que eu racionalizo tudo. Crio plano para tudo. Para mim, todo sentimento pode ser colocado em um gráfico e analisado! Bizarro? Sim! Ajuda? Pacas (pelo menos para mim)! Entããão, vamos atrás da solução prática!

Quero hoje dividir com vocês as estratégias que usei para conseguir continuar quando eu sentia não ter forças mais (não era só cansaço, saturação... era difícil continuar pelo desânimo, pela tristeza de ter visto tanto tempo correr sem ter um "prêmio" pelo enorme esforço):

1 – CRIE METAS FORA DO CONCURSO. Você precisa lembrar de que tem uma vida! E que ela tem várias vertentes. Eu sei que quando

"NÃO AGUENTO MAIS": COMO TER FORÇAS PARA CONTINUAR **145**

você gasta praticamente todas as horas que tem estudando e no resto do tempo você não tem disposição nem para se divertir, fica difícil entender como ter MAIS METAS poderia ajudar. Mas ajuda a TIRAR O FOCO EMOCIONAL do concurso. Eu criei metas de frequência de exercício, de atividades para diminuição da ansiedade (pegar sol, caminhar, meditar...), de encontrar as amigas... Assim, eu tinha como ver um AVANÇO na vida pessoal que eu não estava conseguindo na vida profissional. E naquela época, qualquer avanço já estava valendo. Você tem que começar a enxergar de novo TODAS as vertentes que compõem sua vida. As metas serão um lembrete.

2 – TENHA UM DIA OFF. Cuidado para não ter meta ou horários nesse dia. Sua vida já é cronometrada, né? Pois bem. Acorde em horário diferente, almoce mais tarde, coma coisas que não costuma comer durante a semana, faça coisas de que costuma se privar desde que começou a estudar (ex.: ouvir música, sair para dançar...). Quebre totalmente a rotina!

3 – SAIA DE CASA SEMPRE QUE PUDER. Mesmo se você estuda e trabalha, saia algumas vezes por semana na rua. Caminhe sob o sol na praia ou em um parque. Sinta o vento no rosto. Pare para observar seu entorno. Veja que há vida e um mundo fora da sua clausura. E ele está lá para você também. Ele também é seu.

4 – SIMULE FÉRIAS. Tudo o que você precisa para se renovar é de looongas férias em um lugar lindo. Um bom tempo sem horários, metas, stress, pressão, cobrança. Ok. Mas você tem R$2 reais no bolso. Uma linda viagem não é uma possibilidade – infelizmente. Então, vamos improvisar. Tire uns 10, 15 dias de folga. Se sua prova está longe ou você está realmente muito deprê, tire um mês. Chute o balde como nunca antes desde que começou. Faça tudo o que gostava antes da sua vida "em cativeiro" se iniciar. Pegue uma praia, beba cerveja com os amigos (se você gosta), vá para a balada, para a micareta. Assista Sessão da Tarde comendo bolo e emende novelas. Vá visitar todos os amigos e parentes (legais). Vá bater perna no shopping, mesmo que só possa comprar uma casquinha do Mc Donald's. Dê a você os melhores dias que sua condição financeira permite. Mais do que coisas chiques, você precisa de TEMPO LIVRE. Dê a si mesmo o presente verdadeiramente mais LUXUOSO do mundo moderno: TEMPO.

5 – CONSIDERE UMA TERAPIA. Se você pode pagar ou se seu plano cobre, tente. Ter alguém para desabafar SEM FILTROS todas as coisas que estão abafadas dentro de você pode gerar muito alívio.

6 – VOLTE A TRABALHAR. Se você "só" estuda (até parece que é mole) há anos, considere arrumar um emprego. Se for com carga horária reduzida e flexível (ex.: dar aulas, vender comidinhas que você prepara), melhor ainda. Sair de casa e ter uma vida mais "normal" pode ajudar a levantar a autoestima e reduzir a saturação mental. Reduz o tempo de estudo? Sim. Mas pode aumentar seu rendimento por melhorar a motivação e o humor.

Gente, eu fiz TODAS as coisas da lista acima. Não foi um milagre, mas me ajudou muito. Espero que ajude vocês também.

Aguenta firme. E se não der, chute o balde (pelo tempo que seu corpo e coração precisarem). Depois você pode voltar. Concursos acontecem há anos e tudo indica que continuarão existindo. Antes de tudo, sempre existe você. E você merece alegria e atenção. Concurso é massa! **Ser servidor é ótimo. Mas – no fim do dia – é só um emprego. Vale batalhar por ele? SIM! Vale morrer por ele? Não. Vamos equilibrar as coisas.**

EXERCÍCIO MENTAL	
PENSAMENTOS, RELACIONAMENTOS E ATITUDES QUE MINAM MINHAS FORÇAS	PENSAMENTOS, RELACIONAMENTOS E ATITUDES QUE PODEM ME FORTALECER

SELO DE APROVAÇÃO: VOCÊ PRECISA?

"Ninguém me apoia!" Esse é seu problema? Vamos bater um papo! A coisa mais escravizadora nesse mundo é depender de selo de aprovação. A MAIS ESCRAVIZADORA!

Primeiro porque quando a gente precisa de selo, a gente não precisa de UM, **precisa de TODOS**. Todo mundo com quem você convive precisa te dar esse selo para você dormir em paz e se sentir bem com você. T-O-D-O M-U-N-D-O! Se você conhece 100 pessoas e 99 te dão o selo, NÃO ADIANTA! Só quando seu álbum está completo é que você fica ok. Repare que eu disse ok e não bem. Isso porque você não só precisa do selo de todo mundo, mas precisa **TODOS OS DIAS**. Assim, mesmo em um dia de glória, confetes, aplausos e selos, você tem uma megapendência: ter um plano para que o dia seguinte também seja de glória, confetes, aplausos e – adivinha – mais selos.

Já viciado, você começa a querer selos de estranhos com que você nunca nem conversou! Siiiim! Não adianta selo de conhecidos, família e tal. Nããão! O selo é seu crack. É isso! Você vira um mendigo de selos! Mesmo tendo milhares deles! Louco, não?

FORMAS DE SELOS

Gabi, mas como assim "selo de aprovação"?

Selo pode ser qualquer coisa que indique que a pessoa aprova seu comportamento, decisões, aparência ou qualquer coisa que diga respeito a você. Um selo pode ser um elogio, um aceno com a cabeça, um tapinha nas costas, um olhar. Mas ele é – antes de mais nada – uma mensagem: VOCÊ É ACEITO, APROVADO E "NORMAL". VOCÊ SUPRIU AS MINHAS EXPECTATIVAS DO QUE É BOM, BONITO, CORRETO, INTELIGENTE. PODE FICAR TRANQUILO. PODE RELAXAR.

Só para refletir: cada pessoa tem uma série de critérios internos supersubjetivos que são pré-requisitos para que ela resolva dar um selo. Imagina tentar cumprir essa lista com todo mundo com quem você convive??? Não vai rolar...

SELOS SÃO RUINS?

Não. Também não são bons. Na verdade, apenas não significam muita coisa na maior parte do tempo. Há situações, contudo, em que o selo é importante. Em uma entrevista de emprego, por exemplo, o entrevistador tem que te aprovar para você ganhar o cargo. Mas são muito mais comuns os casos em que o selo não importa em nada do que os casos em que você – de fato – precisa dele.

O maior problema com os selos é até onde você vai para obtê-los. O que faz e – muitas vezes – o que deixa de fazer.

"Mas todo mundo gosta de ser elogiado, admirado, aprovado."

Ok. Se o selo vem "de graça", naturalmente, sem comportamento direcionado para seu recebimento, é um bem-vindo afago. Mas também não passa muito disso. Um incentivo, talvez. **Lembrando que o ÚNICO incentivo de que você realmente <u>precisa</u> nessa vida é o SEU. Você deve ser o mais autossustentável possível. Até porque você é sempre problema seu e de mais ninguém (parece cruel, mas é verdade... e isso é – dependendo da forma como você analisa – LIBERTADOR).**

Sabe um grande perigo do selo? Quanto mais carente por selos você está, mais você desvirtua quem você é para ganhar "só mais um". E isso é uma pena, uma vez que não há dois de você. Se o mundo perde sua essência, tá perdido. Não tem substituto. Às vezes a ação empreendida para ganhar um selo parece um inocente e mínimo desvio da sua "rota" habitual. Agora pense em milhares de mínimos desvios diários? **Três anos depois... PÁ!... Quem é você? Essa vai ser uma pergunta difícil de responder. Você não vai lembrar. Daí, prepare seu coração para altas crises existenciais.**

O QUE ISSO TEM A VER COM CONCURSO?

TUDO! Se tem uma coisa que me pedem é dicas de como lidar com as pessoas que julgam, pressionam, fazem perguntas inconvenientes, desmerecem o esforço de vocês... **Essas dúvidas só surgem porque você espera selos dessas pessoas.**

Sua mãe te acha um zé ninguém? Chato e provavelmente injusto, mas cada um tem o direito sagrado de pensar o que bem entender. Seus amigos acham que você está perdendo tempo estudando? Direito deles também

Vamos para o choque de realidade: **NINGUÉM TEM O DEVER DE TE AMAR, APROVAR SUAS DECISÕES E TE DAR SELOS. NÃO IMPORTA O QUANTO VOCÊ "FAÇA POR MERECER".**

Não condicione sua caminhada de concurseiro ao recebimento de selos porque grandes são as chances de você sofrer muito e desistir.

E... afinal de contas, o que você faz com os selos? Basicamente? Ilude-se! Agarra-se a eles como se eles tivessem a capacidade de transformar a realidade.

Se alguém diz que você é maravilhoso, isso muda o que, de concreto, na sua vida? NADA! Se você entra em uma loja chique e a vendedora não te olha com aquela cara de "esse aí não vai ter grana para comprar nada"? Mudou NADA na sua conta bancária! Se alguém diz que você é lindo? Você ficou mais bonito por isso? Não! Continuou igualzinho! E se alguém diz que você COM CERTEZA vai passar porque é superinteligente e esforçado? Suas chances subiram 0%. **Selo é gostoso, mas não é nada além da OPINIÃO de UMA pessoa sobre você.** Só.

Agora pensa: se ter o selo não faz diferença alguma, como a falta dele pode fazer?

EXERCÍCIO MENTAL	
MENDIGO SELO DE APROVAÇÃO QUANDO EU...	SOU AUTOSSUFICIENTE QUANDO EU...

FAXINA NA VIDA PESSOAL

Há três grupos de relacionamentos que nos são caros: família, amigos e parceiro amoroso. O que fazer quando essas pessoas mais atrapalham do que ajudam?

FAMÍLIA

Quando a gente tem apoio familiar TUDO fica mais fácil. O apoio pode ser moral, financeiro ou ambos.

Quem mora com os pais sabe que a comidinha da mãe é providencial para conseguir ter forças para fechar o cronograma do dia, não é mesmo? O colo dela, do pai, do irmão ou da tia também quebra um galhão naqueles dias em que tudo parece sem esperança.

E se os pais podem te dar uma forcinha financeira? Nossa! Sonho de qualquer concurseiro.

Mas, e quando a pessoa não dá essa sorte? Bom, você tem dois caminhos:

1. Sente na frente da TV e sinta bastante pena de você mesmo enquanto toma um pote de sorvete e reclama até do sol brilhando lá fora. Em seguida, deixe os anos e as oportunidades passarem. Assim, daqui um tempo, você terá motivos DE VERDADE para ficar de mal com a vida.

2. Tome alguma providência e aumente as suas chances de um futuro melhor.

Confesse. A escolha é óbvia. Contudo, na prática, a maioria executa a primeira opção. Vai entender!

Seu pai e sua mãe não te entendem? Seu tio te acha um fracasso pois você fica em casa estudando e não tem um carrão da moda porque gasta tudo em livros e cursos? Seu irmão mais novo te pentelha? Tem parente que jura que você tem algum problema de aprendizagem porque você "vive estudando e nunca passa"? BIENVENIDO AO MUNDO REAL!!! Acredite: seu caso está LOOONGE de ser o único. Ainda bem que "família Doriana" não é pré-requisito para passar. Esforço é!

FAXINA NA VIDA PESSOAL **151**

Tenha paciência, explique mil vezes suas razões e drible os conflitos. Se nada adiantar, acredite em você. Quando você passar, eles também vão acreditar.

AMIGOS

Sabem aqueles amigos não tão amigos? Aqueles que quando você mencionou seu projeto de estudar para concursos desdenharam de seus sonhos e tentaram dissuadi-lo dessa "ideia louca"? Aqueles que nunca perdem a chance de mandar o manjado "**E aí, já passou**"? E aquele chegado seu que conta vantagem de seu emprego mas que na verdade queria ter sua coragem de estudar?

Humildemente sugiro que os mantenha em suas vidas apenas se conseguirem responder SIM a pelo menos um dos itens abaixo:

Essa pessoa me torna alguém melhor?

Essa pessoa me deixa feliz?

Essa criatura, afinal de contas, soma em alguma coisa?

Ah... não soma, não? Corte de sua vida sem pena, nem dó. Garanto que não fará falta alguma.

Quando digo para tirarem alguém de suas vidas, entendam como criar uma "distância saudável" daquela pessoa. Não significa confrontá-la, nem ao menos comunicá-la de sua decisão. Isso só geraria dor de cabeça. **Apenas se DESINVISTA EMOCIONALMENTE da pessoa.** Não fique perto dela e – se não tiver jeito – não internalize seus comentários maldosos disfarçados de "preocupação de amigo".

RELACIONAMENTO AMOROSO

Você é um concurseiro(a) apaixonado(a). Seria lindo se seu par não:

1. te fizesse sentir culpa toda vez que você explica que vai passar o sábado estudando.

2. falasse para todo mundo que está cansado(a) de perder baladas por sua causa.

3. ficasse secretamente (ou não tão secretamente) feliz quando você não passa. Assim, ele(a) continuaria se sentindo melhor do que você.

4. reclamasse que você deveria ganhar X ou Y, assim como Fulano(a) de Tal.

5. dissesse que você não tem chances de passar porque "concurso é tudo marmelada" ou "tem muita gente mais inteligente do que você estudando".
6. cobrasse MUITO MAIS do que você pode dar no momento.
7. inventasse tantas picuinhas para brigar o tempo todo.
8. sabotasse toda prova que você tenta com brigas homéricas BEM NA VÉSPERA DO CERTAME.

Não me entendam mal. Ter alguém especial é a maior injeção de ânimo que eu conheço. O que quero dizer é que você precisa ser sincero(a) consigo mesmo(a) quanto à qualidade do seu relacionamento.

Tem gente muito legal e compreensiva no mundo, que te amará e te apoiará em seus projetos. Isso sim é relacionamento amoroso. O resto... bom, é resto mesmo.

Tirem um tempinho para analisar essas três esferas de relacionamentos e livrem-se das influências negativas. Aviso: isso pode demandar muita coragem da sua parte. Afinal, tem gente que está na nossa vida há tanto tempo que acaba por gerar em nós acomodação ou até mesmo medo de abrir mão deles.

Fiquem perto dos que te querem verdadeiramente bem. Isso vai tornar sua vida bem mais fácil e feliz. De quebra, tornará seu caminho até o sucesso muito menos tortuoso.

EXERCÍCIO MENTAL	
O QUE/QUEM PRECISA SAIR DA MINHA VIDA? POR QUÊ?	COMO RESOLVER

10 MAUS HÁBITOS QUE TODO CONCURSEIRO DEVE EVITAR

Fiz uma listinha dos erros que mais percebo nos concurseiros. Espero que façam uma análise cuidadosa da rotina de estudo de vocês e tentem se livrar dos 10 maus hábitos que todo concurseiro deve evitar. Leiam com atenção a listinha abaixo e depois me contem se já esbarraram nesses problemas:

1. **ESTABELECER METAS POUCO REALISTAS**: seu cronograma é espetacular, o problema é que não condiz com sua realidade. Ignorar necessidades como dormir bem e dar atenção aos entes queridos na hora de criar seu plano de estudos é o caminho mais curto para constantemente furar seu planejamento e assim gerar enorme frustração e desmotivação.

2. **MUITO PLANEJAMENTO E POUCA AÇÃO**: o tempo gasto escolhendo livros, pesquisando os melhores métodos de estudo e criando seu cronograma é bastante importante. Todavia, se o plano não se transformar em ação, você não vai passar. Simples assim. Frequentemente vejo alunos "afiando o machado" por semanas a fio, mas machadada que é bom, NADA!

3. **ESPALHAR AOS QUATRO VENTOS QUE ESTÁ ESTUDANDO PARA CONCURSOS**: erro típico de iniciante. Infelizmente, o mundo está cheio de gente que não torce pelo nosso sucesso. Inclusive, morrem de medo dele! Essas são as mesmas pessoas que tentam te desmotivar enquanto você estuda e que tripudiam quando você não passa. Ser discreto gera menos pressão psicológica.

4. **VICIAR-SE EM FÓRUNS PARA CONCURSOS OU REDES SOCIAIS DE PROFESSORES, COACHES, CONCURSEIROS...**: acho superválido usar tais fóruns para trocar experiências, tirar dúvidas e

buscar informações sobre bibliografias. O problema é que tem concurseiro achando que participação em fórum ou redes sociais conta ponto no certame.

5. **PERFECCIONISMO**: é como na dieta: se comeu um chocolate fora de hora, sente-se no direito de "enfiar o pé na jaca" pelo resto dia pois "já está tudo perdido mesmo". Não é porque você furou parte do cronograma do dia que está de férias. Pouco estudo é melhor do que estudo nenhum.

6. **INSISTIR QUANDO SE ESTÁ MORTO DE CANSAÇO**: meu pai me ensinou: se não consegue fazer nada, ao menos descanse. Sabe aquele dia em que você está exausto e não está rendendo? Mas você, cheio da persistência, insiste? Nessas horas, o melhor a fazer é dar um tempinho. No outro dia, você estará ótimo. Se forçar a barra, seu estudo será fraco hoje e amanhã visto que você continuará cansado.

7. **CRIAR ARMADILHAS PARA VOCÊ MESMO**: você, lá no íntimo, sabe muito bem que a "paradinha para checar os e-mails" vai se transformar em hoooras vendo bobeiras na internet. Sabe que uma saidinha para encontrar os amigos vai se transformar em uma megabalada. Mesmo assim, você jura para você mesmo que vai ser coisa rápida. Nunca é. Não estou dizendo para não darem um tempo, se divertirem. Isso é bom e muito necessário. O que compromete suas chances de aprovação é fazer isso fora de hora, vezes demais. Seja sincero com você mesmo.

8. **ANSIEDADE**: junto com o perfeccionismo, sempre foi o meu maior pecado. Sua vontade é abrir mil livros de matérias diferentes na mesa e estudar tudo ao mesmo tempo? Estuda uma matéria já pensando na seguinte? Deita para dormir e não consegue desligar a mente? Isso é ansiedade e compromete muito sua concentração. Por hora, procure se conter e se concentrar no momento presente. Quando a ansiedade apertar, pare um pouquinho e medite. Fique de olhos fechados e se concentre na sua respiração e apenas nela por alguns minutos. Você ficará mais tranquilo.

9. **SÓ ESTUDAR O QUE GOSTA**: Você detesta Contabilidade e ama Direito Constitucional. Por isso, vive arrumando toda a sorte de desculpas para estudar o que gosta e postergar o estudo da matéria que te desagrada. Cuidado! É preciso haver um equilíbrio. Além disso, gostamos mais do que dominamos. Assim, force-se a estudar uma matéria

que você ache chata até entendê-la. Verá que ela ficará cada dia mais interessante.

10. DESFOCAR DEMAIS OU FOCAR DEMAIS: o primeiro caso diminui suas chances de passar ao tentar "abraçar o mundo". As disciplinas são extensas e demandam tempo para serem aprendidas. Ao desfocar demais, o candidato não consegue formar uma base legal em matéria nenhuma. Por outro lado, focar demais não é uma boa estratégia uma vez que os concursos mudam seus editais e bancas com cada vez mais frequência. Desta forma, focar em uma área e não em um concurso gera mais oportunidades de certames.

EXERCÍCIO MENTAL	
MAUS HÁBITOS QUE TENHO	BONS HÁBITOS QUE QUERO CULTIVAR

AUTOSSABOTAGEM

Quero conversar com vocês sobre um tema que normalmente é varrido para debaixo do tapete, mas que é a causa de muitas reprovações: a autossabotagem.

Pode parecer incompreensível para alguns, mas creio que muitos que me leem sabem do que eu estou falando. **O candidato cria a própria dificuldade de estudar e aprender.** Assim, convido vocês a fazerem uma sincera autoanálise diante da pergunta:

São realmente as circunstâncias que te impedem ou é você mesmo que se limita?

Para guiar a reflexão, listo um conjunto de possíveis fatores que levam a esse perigoso processo:

1. Crer não ser merecedor.

2. Medo de mudanças (mesmo que elas sejam boas).

3. Indecisão. No fundo, você quer seguir outro caminho na vida, mas as vantagens do serviço público são tentadoras. Por isso, você se esforça pela metade.

4. Você está fazendo concursos porque pessoas queridas afirmam que isso será o melhor para sua vida. Já você não tem tanta certeza.

5. Não aceitação do grau de esforço necessário para passar. Você quer a vaga, mas não quer se sacrificar por ela. Você então estuda pouco na esperança de que um milagre aconteça.

6. Vergonha de tentar e falhar. Para eximir-se da responsabilidade sobre as próprias limitações e insucessos, não se esforça. Assim, a culpa recai sobre as circunstâncias.

Vamos falar sobre o item 6. Tendemos a achar "menos feio" reprovar se não nos preparamos bem para a prova. Daí você nunca saberá se é ou não capaz suficiente para passar no concurso. Você não quer saber a resposta para essa indagação. Isso porque, lá no fundo, suspeita que não seja mesmo capaz ou inteligente.

Não estudar para seu concurso adia o embate você X você. A verdade é que você teme o desfecho!

Quando a prova está longe, você até estuda com afinco. O problema é que um mistério surge quando o edital é publicado: você entra em um loop infinito de desculpas para não estudar.

Eu estudaria se ....*complete com a desculpa de sua preferência*...............
- *não tivesse filhos pequenos.*
- *eu tivesse empregada para me ajudar com os afazeres domésticos.*
- *meu chefe não fosse tão exigente.*
- *eu fosse mais jovem e com mais energia.*
- *eu fosse mais velho e não gostasse tanto das baladas.*
- *minha família me apoiasse.*
- *meu companheiro(a) fosse mais compreensivo(a) com meus horários.*
- *meus amigos não cobrassem tanto a minha presença.*
- *a cerveja fosse menos refrescante e o churrasco menos suculento.*
- *meu dedinho mindinho não estivesse doendo...*

Independente de qual seja o seu caso, dedique-se a livrar-se dos velhos padrões e condicionamentos que impedem seu crescimento e sucesso. Pense nisso!

Convoco todos os guerreiros a superar a barreira psicológica da autossabotagem e a caminhar corajosamente rumo à aprovação!

EXERCÍCIO MENTAL	
COMO ME AUTOSSABOTO	**COMO EVITAR**

HISTERIA E STABILOS

Concurseiro que é concurseiro está sempre em busca de uma **boia**. Sim. Uma boia. Porque estudar para concurso não é mole e a sensação de "afogamento" é constante. Bom, pelo menos é assim para a maioria.

A boia é uma metáfora, claro. Mas tenho certeza que quando eu falei boia você entendeu direitinho. Aqueles cursos-cilada que você já sentia que tinham algo de errado, mas que você embarcou mesmo assim são boias. **Aqueeeeele de técnicas a jato de leitura (que quando você terminava de ler não havia entendido nada). Tem aquele também das técnicas infalíveis de memorização (como era o nome do fulano mesmo????) ou aquele curso com um coach mega animadão que te prometeu a aprovação (e se você está aqui me lendo entendo que não rolou).** No fundo, você sabia que eram furadas. Mas embarcou e gastou sua grana suada para ter um retorno pífio ou inexistente. Por quê? **Porque histeria comove.**

Quando a cabeça está cheia de questionamentos e medos e o desejo de aprovação é ardente, a histeria é tudo o que a gente quer. Queremos certezas, mesmo sabendo que elas não existem. Queremos promessas, mesmo sabendo que são vazias. Queremos acalento, mão amiga, coach animadão e frases feitas. Métodos de estudo mirabolantes. A aprovação, diante de sua urgência no coração, fica em segundo plano. Você quer mais se sentir melhor do que estar de fato no rumo certo. E eu te entendo. A gente prega peças na gente. E cria armadilhas. E cai, pasmem. **Histeria dá ressaca.**

Imagina chegar para o semiafogado e mandar o cara nadar. Que graça isso tem??? Ele pode até saber nadar e ter fôlego, mas na hora do aperto, do desespero, da falta de clareza mental (pela qual todos nós passamos várias vezes ao longo da vida), ele quer a boia. Mesmo que ela esteja furada.

Sou coach e o texto pode estar parecendo um contrassenso para alguns. Afinal, o coach não é para "animar" o aluno? "Você vai passar!!! Uhuuu!". **Estuda não pra ver.** Acho que posso estar causando decepções neste momento. Ainda bem que decepção não mata, ensina! Minha abordagem é "mandar a real". **A "real" é preciosa.** Quem manda a real quando a gente está no olho do furacão e fica com o discernimento prejudicado devia virar amigo eterno, né não?

Bom, recomendo fortemente que NADEM! Também sugiro que calem a histeria interna. Abstraiam a externa. E façam o simples, o real, o pé no chão, o executável, o que funciona de verdade. Mas é para fazer TODO DIA. É cronograma (fixo ou ciclo, como preferirem), material bom, coach sério (ou artigos/livros sobre como estudar e se organizar) e MUITO ESFORÇO PESSOAL. MUITO ESTUDO FOCADO. Sem mágica, sem mistério. Quase todos os atalhos te levam para o penhasco. Seja sábio.

Resumindo: Coloquem as stabilos (ou bics, como preferirem) para jogo. A boia não existe. *Sorry. Not sorry.*

EXERCÍCIO MENTAL	
HISTERIA	**REALIDADE**

QUER DESISTIR?

A vontade de desistir da vida de concurseiro te acompanha? Saiba, antes de mais nada, que **a SITUAÇÃO MENOS LUCRATIVA PARA VOCÊ É A DÚVIDA.**

Se você desiste de vez, vai tentar fazer algo diferente da sua vida. Não dá para todo mundo ser concursado e há outras formas honestas de ganhar na vida. Ok. Se você não desiste e continua sua caminhada com bastante esforço focado e método, passará. Ótimo. Já se você vive na dúvida, no limbo, gasta dinheiro com livros e cursinhos, desgasta seu emocional, abre mão de algumas atividades para poder estudar (apesar de não na medida necessária), fatalmente não passará. Quem tem dúvida não consegue estudar direito. E se estudando direitinho passar não é mole, imagine estudando mais ou menos.

Tudo na vida demanda comprometimento para ser bem-feito. Dessa forma, peço que SE COMPROMETA com a desistência. Sim. Pensa que desistir é fácil? Não é, amigo! Sugiro que faça um exercício. Retire do seu local de estudos TODOS os seus livros, cadernos, canetas, post-its, TUDO! Tire "local de estudos" da sua vida. Pare de seguir nas redes sociais todos os #concurfriends, professores e coaches. Tire da sua realidade os elementos que hoje fazem de você um concurseiro. Liberte-se!!!! Fez tudo? **Você agora NÃO É MAIS um concurseiro.** Deixe esse fato assentar na cabeça.

Depois da tarefa cumprida, crie um novo plano para sua vida. Abrirá um negócio? Rascunhe uma estratégia e anote os prós e contras da empreitada. Pense nas possibilidades de sucesso e fracasso. No caso de sucesso, seja realista sobre o tempo que levará para atingi-lo. Se a escolha foi partir para a iniciativa privada, mapeie as empresas que te interessam. Informe-se sobre benefícios, carga horária, nível de estresse e plano de carreira. Peço, mais uma vez, que seja brutalmente realista acerca das possibilidades de entrar na empresa e no cargo almejado. Nos dois casos, visualize sua nova rotina com riqueza de detalhes.

Agora você tem clareza para avaliar suas duas possibilidades na vida: empreender ou trabalhar na iniciativa privada. Se ficou extremamente animado com alguma delas, pode ser que concurso não seja sua vontade real. Avalie se não estava estudando por pressão de outra pessoa. Já se bateu um medo do tamanho do mundo acerca do seu futuro quando pensou em não ser concursado, querido amigo, o que você quer não é desistir de ser servidor, o que você quer é desistir da pressão, do estudo, do perrengue. Compreensível? Sim! Viável? Não!

O PROBLEMA É QUE DESISTIR DE SER CONCURSEIRO É INDISSOCIÁVEL DE DESISTIR DE SER CONCURSADO. Vamos esquematizar o que passa na sua cabeça e as consequências práticas para facilitar:

Quando você está em dúvida --> está na verdade DESISTINDO (visto que não estará fazendo todo o necessário para passar). Porém, estará ILUDIDO. Péssimo cenário.

Quando você desiste de fato --> desiste não só de estudar e sim de SER CONCURSADO. O que é uma pena, já que eu – humildemente – acho que ser concursado é TUDO DE BOM! :) Nesse caso, pelo menos, você não se ilude. Entretanto, também não vejo isso como grande vantagem a julgar pelas circunstâncias.

Quando você está 100% comprometido com sua aprovação --> só assim será capaz de materializá-la.

Se você decidiu que quer voltar para a vida de concurseiro, SEJA BEM-VINDO DE VOLTA. Você só estava cansado e confuso. Quer passar? Confie que o esforço e o tempo te tornarão mais "duro", mais resistente. A rotina de concurseiro sempre vai pesar. Entretanto, sem a dúvida, vai pesar um bocado menos.

EXERCÍCIO MENTAL	
MOTIVOS PARA DESISTIR	**MOTIVOS PARA CONTINUAR**

QUANDO VOCÊ SE TORNA UM HERÓI

Herói é quem tem superpoderes e faz coisas que a maioria das pessoas não consegue. Adorei – em especial – a definição que vi no Wikipédia: **HERÓI É QUEM SUPERA – DE FORMA EXCEPCIONAL – ALGUM PROBLEMA DE DIMENSÃO ÉPICA.**

Bom, dito isso, tenho algumas perguntas:

Você acorda cedo e/ou vai dormir tarde para estudar?

Fica de coração partido quando seus filhos claramente estão com saudade e você precisa fechar a porta e estudar? Ou até estuda com eles por perto, no colo ou te puxando? Disfarça a impaciência fruto do cansaço e da sobrecarga porque sabe que eles não têm culpa de nada e merecem o seu melhor?

Você gasta o pouco dinheiro que "sobra" depois de pagar as necessidades básicas com material de estudo, comprometendo assim seriamente suas chances de comprar uma coisinha para você ou passear em algum lugar legal?

Você vai trabalhar todos os dias sentindo que não queria estar ali, que preferia estar estudando para seu concurso, mas vai com um sorriso no rosto porque você precisa muito da grana?

Você já acorda morto de cansaço? E estuda mesmo assim?

Você não sabe mais o que é sossego mental? Inclusive, já está preocupado com a possibilidade cada vez mais real de desenvolver um transtorno de ansiedade e/ou depressão?

Você sente que está matando na base de uns três leões só pela manhã?

Vira noite com filho doente e estuda no dia seguinte?

Repete as mesmas meia dúzia de peças de roupa até rasgar porque agora NÃO DÁ para pensar em qualquer gasto?

Guarda suas férias para estudar mais pós-edital?

Você chora sozinho, se consola sozinho, lava a cara e vai estudar (porque não tem nada que você possa fazer para se ajudar a não ser CONTINUAR)?

Sente-se culpado por descansar mesmo sabendo que qualquer um que passasse cinco minutos na sua vida já teria pedido arrego?

Passa vergonha nas rodinhas de conversa por não saber de ABSOLUTAMENTE NADA que acontece no mundo simplesmente porque ou você estuda, ou se informa? Logo você que sempre acompanhou as notícias...

Lida com gente fofoqueira e invejosa que só quer te ver fracassar? Que morre do medo do seu sucesso? Que te sabota? Como se você já não tivesse problemas demais...

Depende de alguém até para comprar uma bala na esquina porque você optou focar só nos estudos para passar o quanto antes e – apesar da sorte que reconhece ter por poder fazer isso – sua autoestima morre cada vez que você pede algo que sente que deveria pagar sozinho?

Você se questiona se é bom mesmo para passar, mas doma a mente e ESTUDA?

Insiste quando erra até ver melhora?

Você se lasca todo mas não desiste?

Disse sim para um ou mais itens acima?

PARABÉNS! VOCÊ É UM HERÓI HOJE!!!

Veja bem: H-O-J-E! Não no dia em que você passar!

Um dia você terá a alegria de acordar, tomar seu café, abrir o Diário Oficial e ver seu nome na lista. Daí tudo realmente vai mudar MUITO. **Mas nesse dia você não terá realizado nada de realmente incrível. Nenhuma superação excepcional de um problema épico.** Nesse dia, especificamente, você não terá feito nada de especial. Nesse dia, você será PREMIADO por todo o trabalho duro e superação, mas não será um herói. **Um herói você foi HOJE!**

Levanta essa cabeça! O melhor está por vir!

Esse artigo não precisa nem de exercício mental, né?

COMO DOMAR A ANSIEDADE

Você tem um botão na sua cabeça. **Vamos chamá-lo de "turbo".** **O turbo é mega útil.** Se você percebe que um leão está correndo atrás de você, terá que mobilizar todas as suas forças e recursos mentais para correr e criar um plano sagaz para sair da situação. Não dá para fazer isso estando "de boa". Você tem que ligar o "modo turbo". Quando sai o edital, você tem que ter forças extras para estudar e organizar sua revisão final. Nota que nesse período você tem um gás a mais? É por conta do "turbo". Amigão esse cara, né? Depende.

No nosso cotidiano, quando nos mantemos muito tempo em situação estressante (ex.: estudar para concursos), **o nosso "botão turbo" é acionado vezes demais. Tantas, que um dia o coitado quebra.** Daí, qualquer coisa ou nada pode acioná-lo. Qualquer coisa que lhe causa incerteza e stress (mesmo stress bom, como uma véspera de viagem) pode ligar o turbo sem você querer. Nada também pode ligá-lo! Você está lá, vendo sua série favorita, e o "turbo" liga sem aviso. **Que raios é isso???** **O nome disso é ansiedade.**

Veja se você já sentiu algo do gênero: paralisia diante de uma montanha de tarefas; pânico diante da falta de controle sobre certos ou todos os aspectos da vida; ânsia de correr com matéria para matar o edital logo (mesmo com comprometimento da qualidade do estudo); vontade incontrolável de abrir todos os livros ao mesmo tempo e estudar de vez; medo excessivo do fracasso; sensação de não merecimento do sucesso (síndrome da fraude); coração acelerado "do nada"; dormência nas mãos, pés ou rosto; falta de ar sem motivo aparente; vontade súbita de chorar – sem motivo; dificuldade de lidar com situações que para você já foram simples e que agora representam grande desafio; sensação de soterramento ou afogamento. Aposto que tem um povo dando check, check, check nessa listinha.

Putz... e ainda tem a vergonha e a autocondenação. Você já não foi assim tão ansioso. O que aconteceu? Qual foi o dia em que você se tornou ansioso? O que aconteceu naquele dia que te "quebrou"? Qual foi o estopim? Quais foram as causas? A gente não tem resposta para nada disso. **Ansiedade é multifatorial e abarca acontecimentos que você assimilou de modo consciente e inconsciente. Essa assimilação se sedimentou na sua cabeça ao longo de anos e construiu crenças – mais uma vez – conscientes e inconscientes.**

Bom, o mundo hoje nos impõe vários paradoxos: ser ansioso é ruim, você tem que viver o presente e curtir o momento, mas superar seus limites e "matar um leão por dia", fazer planos e ter sonhos, mas expectativa não... isso não é legal ter. PERAE! Deixa eu ver se entendi: você pede para o sujeito dar sangue, suor e lágrimas para alcançar um futuro previamente planejado (pois ter metas é fundamental... e é bom que sejam ousadas), mas pede para ele não ter expectativas??? C-O-M-O A-S-S-I-M???? **Só eu que estou achando que essa conta não fecha? #diferentona?**

O sistema em que vivemos é perverso e favorece a ansiedade ao sobrecarregar nossa mente com informações e cobranças. Sabia que uma só edição do jornal americano The New York Times contém mais informações do que uma pessoa comum recebia durante toda a sua vida há 300 anos (*dado da Revista Veja de 05 de setembro de 2001*)??? Dá para voltar no tempo? Não! Dá para administrar a ansiedade? SIM!

E olha que digo isso com mais conhecimento de causa do que eu gostaria.

Antes de qualquer dica, quero passar para vocês duas certezas que me ajudaram muito:

1 – Ansiedade é normal. Você não está surtado. Quase todo mundo tem, mesmo que a pessoa não fale sobre isso (muita gente tem vergonha de falar sobre o assunto).

2 – Tem jeito.

Segue uma lista do que me ajudou e me ajuda diariamente:

1 – **Exercícios de respiração.** Respire bem fundo e lentamente. Faça isso muitas vezes ao dia.

2 – CD de Yoga no carro. Uma maravilha para desacelerar a mente e evitar que o trânsito estrague seu dia!

3 – Trabalho em uma redação de TV e web. Imagine a animação que é o ambiente! E tenho que trabalhar bem concentrada. Receita para ansiedade. Solução: **Youtube** com músicas de spa. Coloco na busca "spa sounds". Outra dica massa é procurar por "thunderstorms" ou "rain sounds". Fico hoooras trabalhando com fone, ouvindo um calmante barulho de chuva. Fico em outro planeta e com a concentração bem alta. Para mim, funciona melhor do que música clássica.

4 – Há vários **apps de Yoga e meditação** de todo tipo. Não tem tempo ou grana para fazer aulas de yoga? Bota o fone e faz uma meditação de 10 minutos em casa! Seu dia fica outro! Faça antes de estudar (para se concentrar mais rápido e começar a estudar já com rendimento alto) e depois (para não deitar para dormir e ficar com a cabeça a mil por hora).

5 – Tenha um **day off**. Mas off mesmo! Tire um dia (um pedaço do dia que seja!) da semana para não ter compromisso. Para mim, até um compromisso legal é um compromisso e dá cara de tarefa. Preciso de um dia para "processar" os acontecimentos da semana sem nenhum agendamento me atrapalhando.

6 – **Faça uma coisa de cada vez.** Peguem leve e só façam duas coisas ao mesmo tempo quando for imprescindível. Caso contrário, CONTENHA-SE! Aprenda a ter paciência.

7 – **Tenha fé em algo maior.** Em Deus, em Buda, em Alá, nas energias do cosmos, em seres de luz... qualquer coisa. Ser cético gera um senso de responsabilidade sobre si e sobre o mundo bem gigante. **Ter fé em algo além ajuda a dividir a carga.** Não acredita em nada? Faça uma forcinha e encontre algo que te convença.

8 – **Divirta-se!** Faça algo de que goste sempre que puder. Nem que seja assistir à sua série favorita. Não precisa ser algo caro ou chique, mas tem que ser algo que te relaxe de verdade e te distraia 100%.

9 – **Afaste-se da tecnologia.** É MUITA informação ao mesmo tempo. Pense em quantas fotos você vê por dia no instagram e em quantos pensamentos extras cada uma gera em sua mente. Não seja escravo do seu celular "piando" com mensagens. O MUNDO PODE ESPERAR!

10 – **Faça exercícios.** Você acostumará seu corpo com os sintomas da ansiedade (ex.: coração acelerado) e isso criará resistência. É como uma vacina. Você tem minidoses de sintomas de ansiedade correndo na esteira. Seu corpo entende que está tudo bem, mesmo com o coração acelerado. Não vai ser qualquer aceleradinha que vai te desencadear uma ansiedade mais forte. A liberação de endorfinas que acontece durante o exercício também ajuda a combater a ansiedade.

11 – **Perdoe-se.** Não faça drama na sua cabeça por ter ansiedade. Você tem. Eu tenho. O colega tem. Outro NÃO TEM. Depende da pessoa e de fatores diversos (ex.: genética). É como enxaqueca. Tem gente que tem e tem gente que não tem. Você acha a pessoa que tem enxaqueca fraca? Incapaz? Não. Quem tem ansiedade não é mais fraco do que quem não tem. Seu turbo quebrou. É hora de consertar. Só isso.

EXERCÍCIO MENTAL	
O QUE ME DEIXA ANSIOSO	O QUE ME DEIXA TRANQUILO

BLOCO DE CONCRETO: VOCÊ TEM UM?

Tem um bloco de concreto em cima de você. Talvez a parte a maior parte dele esteja sobre o peito. Está difícil respirar? Quem sabe sobre a cabeça... essa dor que não passa. Fato é que há um bloco de concreto aí, em algum lugar. Mas você não o vê, certo?

Você também não vê o calor ou o frio. Mas os percebe. Você não vê a raiva, o amor, a tristeza, a felicidade. Mas os nota claramente, não é mesmo? Não há sombra de dúvidas quando estão presentes.

Mas e o bloco de concreto? O que é isso que você carrega para onde vai? E que é especialmente pesado quando tenta descansar, ver TV, quando tira uns dias de folga? O nome disso é **CULPA**. E o concurseiro é cheinho dela, não é mesmo?

Eu entendo pacas de CULPA. É algo contra o qual lutei minha vida toda e – se bobear – luto hoje ainda. Falo, portanto, com conhecimento de causa. Com o tempo, fui analisando essa culpa. E se ela também é sua companheira de todas as horas, pega seu café e vem comigo... temos muito o que conversar!

A gente só mantém um comportamento que nos serve de alguma maneira. Até as coisas ruins, das quais queremos nos livrar, em nível ao menos inconsciente, servem a um propósito do qual não queremos desapegar. Quando entendemos que determinada crença não vale de nada mais, abrimos mão. Superamos.

O que a culpa está te trazendo de bom que você não consegue abrir mão? Só você vai saber, mas vou listar algumas possibilidades para dar uma forcinha na sua reflexão:

1 – *Sensação de heroísmo.* Você vê honra no seu sofrimento. Você "romantiza" o processo de estudo. Você enxerga – de uma maneira estranha – algo de bonito em sofrer. Tem nada de bonito não, viu?

2 – Sensação de dívida. Alguém te dá suporte financeiro enquanto estuda. Passar em um bom concurso um dia não será suficiente. Suas dívidas emocional e financeira são impagáveis. Uma verdadeira fortuna. Você colocou a pessoa em questão em uma situação ruim (coisas da sua cabeça). A pessoa poderia comprar X, Y e Z se não fosse por você, O FARDO. Só resta a autopunição. Terá que PASSAR E SOFRER. Só assim a conta maluca da sua cabeça fecha.

3 – Sensação de não merecimento. Estuda, mas no fundo sente que almeja mais do que merece. Ok, você pode até passar, mas vai ter que sofrer para se tornar merecedor.

EU, VOCÊ E A CULPA

Eu era uma concurseira com uma culpa do tamanho do mundo. Durante grande parte dos meus estudos, não trabalhei. E meus pais me bancavam. Gente, eu me sentia uma parasita! Hoje vejo como exagerei nas coisas. **Todo aquele peso, como é próprio de qualquer peso que arrastamos, só atrasou a minha aprovação pois fomentou toda sorte de comportamentos improdutivos e pouco estratégicos.** Eu queria amenizar a culpa mais do que passar. Então, estudava exageradamente (isso existe!) mesmo cansada e com rendimento ruim. Eu não admitia parar. Minha culpa não deixava.

Sabe uma coisa que eu tinha a maior dificuldade de diferenciar quando era concurseira? Cansaço de preguiça. A culpa confundia minha análise. Para ter certeza que pararia de estudar só quando eu estivesse verdadeiramente cansada, eu passava de todos os limites do bom senso. Uma vez estava tão, tão exausta que desmaiei na rua sem motivo algum. Foi única vez na minha vida em que desmaiei.

Acordei no colo de um senhorzinho (tadinho, não sei como ele tão pequeno e já idoso me aguentou! #gratidão) que me colocou no banco de trás do carro da minha mãe. Quase matei a coitada de susto! Fui ao médico depois. Sabe o que ele disse? Estresse. Shut down do corpo e da mente. Eu simplesmente desliguei na marra. Não parei... então meu corpo parou por mim.

Por que estou te contando isso? Para te mostrar que **ESFORÇO** é diferente de **EXAGERO**. Que ESFORÇO e SOFRIMENTO não são sinônimos! Que você deve seguir um plano ESTRATÉGICO e não se desviar dele para calar a todo momento uma "urgência" emocional quase sempre INFUNDADA. A falta de foco não existe só no campo da escolha do certame a prestar e sim no que concentramos nossos esforços emocionais.

Eu vivi o concurso com culpa. E você, está fazendo o mesmo?

OK. SEJAMOS PRAGMÁTICOS. COMO SE LIVRAR DA CULPA?

Eu acho que sempre ajuda racionalizar um pouquinho as emoções. **Diferente do que a mídia propaga e alimenta, VOCÊ CONTROLA SIM GRANDE PARTE DO QUE SENTE!** Deixe de lado essa ideia de que você é SUJEITO PURAMENTE PASSIVO das suas emoções. Essa é só uma desculpa conveniente que afasta de você a responsabilidade de crescer como pessoa.

Nasceu com uma característica e vai morrer com ela? Ora, se não te faz bem, deixe de lado! Claro que você precisa de autoconhecimento e treino para isso, mas dá para controlar e mudar bastante coisa! JURO!

As emoções moram do lado direito do nosso cérebro. Mas do lado esquerdo mora toda a clareza e capacidade de análise. Vamos usar um lado para ajudar o outro? A mágica, o sonhado equilíbrio, está na combinação. E as ferramentas estão aí, em algum lugar da sua cabeça.

1º – Entenda a "lógica" da culpa. Vamos fazer um mapa mental?

2º – Identifique as suas culpas. Coloque-as no diagrama acima.

Tá difícil categorizar? Vou dar um exemplo de cada, ok?

CULPA COM MOTIVO POSSÍVEL DE MUDAR: alguém está bancando seus estudos. Você realmente tem que fazer valer o investimento da pessoa, certo? Dá para mudar o motivo da culpa? Sim! Como? Passando e dando tudo de bom para quem acreditou em você!

CULPA COM MOTIVO IMPOSSÍVEL DE MUDAR: enrolou a vida inteira para estudar... e agora está passando muito aperto para se acostumar com a vida de concurseiro? SUPERE SEU PASSADO. Não dá para voltar no tempo! Foque no hoje!

CULPA SEM MOTIVO: você estuda e faz o seu melhor. Ainda assim se sente culpado. SUPERE. Isso prejudica seu estudo e atrasa sua aprovação. Você não tem espaço mental para gastar com culpa. Aloque sua energia em algo produtivo.

3º – Resolva as culpas possíveis de serem mudadas.

Faça o que puder para eliminar o fato gerador da culpa com motivo possível de mudar. Para isso, use esse sentimento a princípio ruim a seu favor.

A culpa tem lá suas aplicações úteis. Se você está fazendo corpo mole diante de um projeto da magnitude de um concurso, é bom que não esteja se sentindo maravilhoso. Se estiver, não vai passar nunca!

Foque sua atenção e energia em fazer o que precisa ser feito. Transforme a culpa em impulso.

CONCLUSÃO

No tribunal da nossa cabeça, não há atenuantes. Só agravantes. Não há advogado. Nenhuma chance de defesa! Diferente do Direito, presumimos que somos culpados até que apareça prova em contrário. E essa prova nunca vem, não é? Mude isso dentro de você o quanto antes.

Não há necessidade de sofrer, de ser infeliz, de pirar, de abdicar de tudo para passar. Simples assim. Sofrimento não gera pontos na prova!

Sim, você vai mudar sua rotina, vai se esforçar muito, será emocionalmente penoso muitas vezes, implicará muitas renúncias, mas tudo dentro de uma NORMALIDADE, de um equilíbrio. E pode baixar essa expectativa de que esse equilíbrio será perfeito que eu conheço vocês! Sossegue! Será o **equilíbrio possível.** E ele vai ser uma conquista DIÁRIA.

Estudar sem o bloco é puxado. Com o bloco é DESUMANO! Facilite sua vida e acelere sua aprovação. Passe com menos dores, menos efeitos colaterais. **Quando for impossível estudar, pelo menos descanse.**

EXERCÍCIO MENTAL	
O QUE ME GERA CULPA	A CULPA É FUNDAMENTADA? SE SIM, COMO ACABAR COM ELA?

O FATOR INCERTEZA

E se eu te dissesse "estude três anos com bastante disciplina que eu te dou uma vaga legal no serviço público"? O que você faria de diferente do que faz agora?

E se não houvesse prova? Se você apenas tivesse que comprovar os estudos, o número de questões resolvidas, o tempo que passa memorizando lei seca, a assiduidade das revisões, os estudos nos fins de semana (com direito a bônus por estudo em sábados de sol e domingos de churrasco)? **Você estudaria com mais afinco, com mais motivação SE A VAGA FOSSE UMA CERTEZA?**

Quando você faz faculdade tem um grande fator motivador: o diploma. Você sabe que sem o bendito canudo a vida será MUITO mais difícil e as oportunidades serão mais escassas. Você frequenta as aulas, não extrapola o limite de faltas, entrega os trabalhos e se prepara para as provas. O processo é longo! Pelo menos quatro anos de esforço concentrado. **Observe que muita gente que começa a faculdade se forma. Por que então pouca gente que começa a estudar consegue ultrapassar alguns míseros meses e já joga a toalha?** A pessoa sabe se esforçar. Tem experiência em estudar. O que há de tão diferente no concurso que bota tanta gente para correr?

Primeiro porque na faculdade você tem um monte de coaches. Sim, os professores são como coaches. Eles determinam metas de volume (matéria dada) e aferem resultados (provas). O horário definido de aulas diariamente não tem nada de diferente de um cronograma de estudos. Assim, você tem um sistema muito similar ao acompanhamento de um bom coach já prontinho te esperando. Você não precisa pensar em como estudar. Só precisa seguir o fluxo pré-determinado e fazer sua parte. Isso elimina um bocado de stress. Imagina se você tivesse que planejar o horário de cada aula, o que estudaria dentro de cada matéria...? Já ia complicar bastante.

Segundo, todo mundo espera que você se forme – inclusive você. Ninguém fica te perguntando "já formou?" com tom debochado. Isso porque a formatura não é tida com uma meta irreal ou inatingível. Formatura é presumida. Concluir a faculdade é algo que não se discute. Vai concluir e pronto. Não ter margem para dúvida é ótimo. Não te deixa alternativas senão continuar. Isso é um grande fator motivador.

No concurso não temos nada disso. É você se jogando na vida e rezando para não se estatelar no chão. Repare:

- A faculdade te dá tudo de bandeja. No começo do estudo para concurso, você não sabe nem para onde vai. Como criar cronograma, estabelecer uma rotina de concurseiro, equilibrar vida pessoal e estudo, organizar revisões, descobrir qual é seu jeito de aprender (e manter na cabeça) um volume tão grande de material.

- Outra diferença é que a faculdade não tem uma prova do fim do curso sobre tudo o que aprendeu (exceto no caso do Direito, que tem a prova da Ordem). Imagine se pudesse "quebrar" a prova do concurso? A cada semestre você estudaria 20% do conteúdo, faria prova e ficaria livre. Não seria MUITO mais fácil do que saber tudo ao mesmo tempo?

- Na faculdade o povo torce a favor. No concurso, contra. Agora todo mundo te fala que passar é impossível. Que você não vai conseguir. A aprovação não é tida como certa. A norma é não passar. Assim, você já entra no jogo com a sensação de estar perdendo de 10 a 0.

- Na faculdade há rede de proteção. No concurso, só tem o chão mesmo. Ou você voa, ou você cai. NÃO HÁ GARANTIAS. Você pode estudar lindamente para um certame e não passar. Não vai nem ter prêmio de consolação. Não dá para fazer prova depois só das matérias em que você se saiu mal. Você não reprova por matéria. Reprova em bloco. 100% de decepção. Isso é um grande desestímulo.

A parte da falta de direcionamento a gente pode driblar. Você pode contratar um coach ou aprender o caminho das pedras sozinho. Quanto ao povo falando, com o tempo você aprende a abstrair. Sabe o que é realmente duro? Lidar com a falta de garantias.

A falta de garantia tem uma consequência bastante nociva: ela faz você estudar menos. Sabe a pergunta lá do início? Aposto que a resposta é sim. Quando você não tem certeza, usa isso como desculpa para justificar qualquer furo no cronograma. Você pode nem perceber, mas o fator incerteza é o culpado por seus vários "migués".

Todo mundo morre de medo de se esforçar sem retorno. Isso não é problema. A questão é tornar-se CONSCIENTE de que esse temor afeta suas decisões. Temos centenas de vendas em nossos olhos. Uma atrás da outra. A gente nem percebe isso. E nem vou falar das lentes erradas, desfocadas que usamos para perceber o mundo. Sabe qual é a maior loucura disso? Tomamos decisões assim!!! Olha que perigo!

A solução? Adivinha! Autoconhecimento. Questionar-se e refletir sobre as razões que te fazem agir como age tiram as vendas uma a uma e acertam o foco das lentes. Sem ele, vivemos às cegas. Hoje você aprendeu o tamanho do medo que tem da incerteza e o papel dele em suas decisões. Tire essa venda e agora reanalise o entorno. Está vendo as mesmas coisas? Sentindo as mesmas vontades e impulsos? Acho que não! A incerteza precisa ser aceita para que você possa seguir de olhos abertos e atentos. Cuide agora para que nem um minuto de estudo seja perdido com o impulso "vou estudar menos, já que não tenho certeza. Assim, se não passar, não vai doer tanto, não terei me esforçado em vão".

Sabe o que é legal? Se você aprende a conviver com a incerteza e ela não mais baliza suas decisões, você será mais você do que nunca. Você na sua essência. Não você com o filtro da insegurança. E se você sobrevive ao concurso (com todas as dores, esforços e obstáculos), sobrevive a qualquer coisa. Se o mundo acabar, vão sobrar as baratas e – com certeza – você. A gente fica MUITO MAIS safo na vida depois de passar certos perrengues. Eles têm muito valor. Pouca coisa te assusta ou estressa depois que você é aprovado. O pior já passou.

Pessoal, para retomar o exemplo acima: faculdade é treino. Concurso é jogo. Agora é vida real, sem rede de proteção. Quem é "calouro" entende o susto. Quem é veterano entende a dor. Todo mundo entende a necessidade. Vá estudar. O tempo URGE!

O FATOR INCERTEZA 177

EXERCÍCIO MENTAL	
O QUE DEIXO DE FAZER POR MEDO DE NÃO TER SUCESSO COM MEU ESFORÇO?	O QUE DEVO FAZER PARA ALCANÇAR MEU OBJETIVO?

SOBRE LABAREDAS E FAÍSCAS

*Ninguém deve ter que te motivar a estudar
quando o interesse no resultado é todo SEU!*

Lembre-se: inspiração é externa! Motivação é interna!

Quando somos crianças, não temos nenhuma autorresponsabilidade. Podemos, tranquilamente, enfiar um garfo na tomada! Quem é responsável por evitar coisas do tipo são os pais. Eles são nossos responsáveis (não é assim que são chamados quando somos pequenos?). Quando somos adolescentes, os pais pegam no pé para que a gente estude e tire boas notas. Essa fase é estranha, já que queremos a liberdade, mas nem sempre estamos suficientemente preparados para assumir as responsabilidades correlatas.

O modelo escolar nos acostuma mal. Os professores vigiam os alunos e cobram boas notas. Controlam as conversinhas paralelas. Parece até que os alunos estão fazendo um favor ao estudar. Sempre achei essa dinâmica esquisita quando estava no colégio. A responsabilidade parecia ficar com o professor. Nessa época o povo já se iludia. A realidade só batia na disputa por uma vaga em uma boa universidade.

Quando entramos na faculdade, a coisa começa a mudar de figura. Os professores não são preocupados com você, que passa a ser – muitas vezes, pela primeira vez – problema SEU. Daí você já começa a ser mais aplicado. Parece mágica. Afinal, as consequências serão só suas.

O problema é que a gente costuma desenvolver pouco essa autorresponsabilidade ao longo da vida. Muitos fatores influenciam a consecução de nossas metas e quando as coisas não saem como gostaríamos, culpamos os outros. Fazemos isso até sem notar. Podemos nem falar. Mas pensamos que a culpa é da vida, do destino, do outro. Às vezes é. Muitas vezes, não é (pelo menos não totalmente).

SOBRE LABAREDAS E FAÍSCAS   **179**

Quer um exemplo? Você se dedica a um relacionamento amoroso. Investe nele... e dá muito errado. Vamos supor que a pessoa passe a te tratar mal do nada. A responsabilidade é sua? Não. É do outro que tem lá seus problemas e não te valoriza. Já se você permanece nesse relacionamento, a RESPONSABILIDADE por não cuidar de você é SUA.

Todo ser humano tem o instinto de proteção do próprio ego. Normal e esperado. Contudo, **precisamos nos tornar cada vez mais autoconscientes para conseguirmos ser cada vez mais autorresponsáveis.** Em outras palavras, precisamos vigiar nossas ações para perceber quando agimos às cegas. Precisamos questionar o porquê agimos como agimos.

Finalmente, chegamos ao cerne da história que quero destacar hoje. **Estudar para concurso demanda uma descomunal força interior. Veja bem. Essa força é SUA. Ela mora dentro de você. Pode ser uma labareda ou uma faísca. Mas ela é SUA. A gente chama essa força de MOTIVAÇÃO.**

O povo concurseiro que você segue no instagram, os professores, seus amigos, familiares e coach TE INSPIRAM e TE ENSINAM. **A gente faz a faísca virar labareda. Lembre-se: SUA FAÍSCA. SUA LABAREDA. Eu só jogo a gasolina.**

Você segue a Pugliesi no instagram para ela te deixar magro e sarado? Não! Você segue para se inspirar. Quem malha é você. Mais importante: quem reúne forças para ir à academia malhar é você (essa força é a SUA MOTIVAÇÃO, sua FORÇA INTERIOR).

Quem buscou a inspiração? Você! Ela caiu no seu colo? Não! Você foi atrás dela! Movido pelo quê? Pela motivação de se melhorar. Partiu de você, entende? Percebeu como a inspiração é EXTERNA e a motivação é INTERNA?

Sabe o que acontece quando a gente confunde INSPIRAÇÃO E MOTIVAÇÃO? Transferimos responsabilidade e criamos dependência dos outros. Pronto! A barraca das desculpas está aberta para negócios! Gente, nada disso é legal.

O bom coach torna sua caminhada mais fácil, te inspira e te ensina. Mas não te motiva. Ensina você a se motivar. Caso contrário, você vai se tornar dependente dele e quando o curso acabar, vai parar de estudar. Já malhou com personal? Enquanto tem personal aparece na academia. Depois que a grana aperta e você dispensa o profissional, começa a faltar alucinadamente. Isso ocorre porque a fonte de inspiração secou sem que sua motivação fosse trabalhada de fato. Você não aprendeu a se motivar e a buscar novas e diversificadas fontes de inspiração. Ficou dependente. Isso sempre acaba mal.

Meu objetivo no meu curso de Coaching e nos artigos é INSPIRAR e MUDAR SEU MINDSET de modo a torná-lo capaz de se motivar. Não estarei ao lado do meu coachee o dia todo. Assim, não posso inspirá-lo milhares de vezes ao dia. O que fazer então para fomentar motivação permanente?

Pense: quanto tempo a inspiração dura em você? Você viu uma frase legal e ficou animado. Começou a estudar. Quanto tempo decorre entre o início do estudo e o momento em que a frase perde força na sua cabeça e você volta para a frente da TV? A resposta varia de pessoa para pessoa. O efeito acabou e você vai precisar de outra dose. Percebe que isso pode ocorrer várias vezes ao dia?

Conclusão: você precisa saber o que te inspira e o que transforma sua chama em labareda. Às vezes, é um livro. O danado é tão bom e você se sente tão compreendido pelo autor que deixa do lado. Todo dia lê e relê um pouquinho. O livro não tem fim para você. Ele é fonte inesgotável de inspiração. Problema resolvido. Às vezes são alguns artigos. Às vezes é uma conta de instagram. Às vezes é alguém que você ama. Se tiver um coach, ele certamente é uma fonte. **Você pode ter várias. Deve, na verdade. Isso porque uma fonte pode secar a qualquer momento e porque você terá mais gente jogando água do que gasolina na sua faísca.**

Se você sabe identificar suas fontes e tem fácil acesso a elas, poderá manter a chama acessa dentro de você. Repare: o trabalho de conhecer as fontes é seu. Sabe que outro trabalho é seu? Refletir sobre o que as fontes te passam. Caso contrário, a inspiração vai durar pouquinho. Minutos. Você tem que refletir para reter o máximo de cada dose de inspiração. Sem reflexão o impacto da inspiração é superficial e não gerará mudança de mindset. Será só "fogo de palha".

Depois de muita inspiração você pensará diferente. Será outra pessoa e vai precisar de menos doses diárias de inspiração. Será cada vez mais LIVRE. Sua motivação não será uma faísca que ameaça apagar a todo momento. Será labareda. Farei de tudo para que isso aconteça.

Você pode até não se sentir 100% confortável com tudo o que escrevo. **Quando alguém sacode o barco, ou seja, quando nos faz refletir sobre condutas quase cristalizadas dentro da gente, primeiro a gente fica tenso, depois a gente fica agradecido.** Mudar dá medo, mas quase sempre é necessário.

A vida te leva. Se você quer algo diferente do que cai no colo, vai nadar contra a maré. Vale a pena? Sim! É fácil? Preciso nem responder.

EXERCÍCIO MENTAL	
FONTES NEGATIVAS DE INFORMAÇÃO	**FONTES DE INSPIRAÇÃO**

DE TRÁS PARA FRENTE

Bata um papinho com algum idoso. Verá que ele terá MUITA clareza sobre o que gostaria de ter feito e não fez na vida. Como ele gostaria de ter priorizado mais certas coisas em detrimento de outras. Eles possuem uma clareza que a gente não consegue ter com 30, 35, 40, 50 anos. Não consegue porque ninguém curte pensar que a vida é finita. Melhor abstrair esse fato e ir vivendo, muitos pensam. **Mas como priorizar com assertividade e tomar decisões com mais precisão se você não consegue nem pensar em estimar o tempo que tem? Complicado!**

Corta para o assunto CONCURSO. Quando sai o edital você deve PROJETAR como serão os próximos dois meses até a data da sua prova. **Já ensinei em outros artigos que se você não escolher o que vai estudar e o que vai deixar de fora, porque simplesmente não vai dar para ver tudo, o tempo vai escolher por você. E o tempo não sabe priorizar.** Ele corre linear e as coisas acontecem em sua ordem natural. Você vai seguir o edital na ordem dos assuntos estipulada pelo examinador. Assim, pode (e vai) acabar estudando coisas que não caem muito e deixando de fora coisas muito importantes só porque elas apareceram lá no final do conteúdo de cada matéria.

Para seu "Projeto Reta Final" ser bem-sucedido, o que você precisa é determinar a ordem de estudos dos tópicos do edital de modo que os assuntos importantes sejam revistos primeiro (para garantir que serão – de fato – bem revisados) e os menos relevantes fiquem para o final. Assim, se houver atraso, os temas com menos chances de cair serão sumariamente cortados (e isso não gerará um prejuízo irreparável para sua aprovação).

Também já disse para vocês que o modo de fazer essa projeção dos estudos no tempo é via criação de metas de volume. Semana a semana do edital até a prova, você tem que estipular o que vai ver e em quanto tempo vai ver. Assim, fica fácil saber o tempo de que realmente dispõe e o que consegue fazer com ele. E quem não está com edital na praça e precisa criar metas de volume para se manter "na linha" e motivado? Fixe uma data qualquer para acabar de ver um certo tanto de matéria. Simule o edital. **A criação de metas de volume só é possível quando temos uma data final.** Isso porque a gente precisa se imaginar no dia da prova/data estipulada com resultado pretendido. Você está com o edital recém-saído do forno nas mãos e pensa: "Como eu chego ao dia D muito afiado em Constitucional, Administrativo, Português, Raciocínio Lógico...? Você pode não perceber, mas é desse questionamento quase automático (e tão rápido que é até imperceptível) que todas as ações descritas acima se desenrolam. **Prestem atenção em um detalhe: você se colocou lá na frente, na data final, na linha de chegada e olhou para trás até o dia do edital. Você pensou no tempo DE TRÁS PARA FRENTE.**

Quando olhamos o tempo de forma não natural, não linear, temos muito mais clareza para tomar decisões e priorizar. Para fazer um excelente plano Reta Final terá que se colocar no dia da prova e pensar "O tempo acabou. O que eu fiz de bom? O que eu priorizei? Onde eu errei? Onde eu acertei? O que eu deveria ter feito de diferente se pudesse voltar no tempo?". Esse deve ser seu pensamento. **Repare que a chave para acertar uma projeção, independente de sua natureza, é OLHAR O TEMPO DE TRÁS PARA FRENTE.**

Mas esse artigo não é sobre metas de volume no concurso. Sobre isso nós já conversamos antes. **Meu objetivo é que vocês usem esse ensinamento de tempo finito, priorização, metas de volume e olhar o tempo de trás para frente NA VIDA.**

VAMOS VOLTAR PARA A FILOSOFIA. O que é a vida senão o tempo entre o edital e a prova? Ui... tô profunda...rs. Mas gente, o princípio é o mesmo. **Tudo converge em usar sabiamente o curto tempo que se tem, certo? dois meses ou 90 anos.**

O que quero sugerir nesse artigo é o uso do conceito de metas de volume para motivar e balizar a tomada de decisões NA VIDA. "Ah... mas o que uma coisa tem a ver com outra?" Já explico.

Sabe uma das coisas mais legais que aprendi estudando (não só para concurso, mas a vida toda, lendo sobre assuntos diferentes...)? É **que o conhecimento EXTRAPOLA e verdadeiramente INUNDA todas as outras áreas da sua vida.** Cara, poucas coisas são tão maneiras quanto isso. Sério! **É o fator multiplicador da inteligência, o crescimento exponencial da capacidade de pensar, entender e interpretar**

o mundo. Eu era péssima em matemática quando estava na escola. Eu tirava ótimas notas sempre, mas enquanto meus irmãos (de exatas e eu – claramente – de humanas) estudavam... sei lá... 15 minutos para uma prova, eu estudava dias a fio. Meu pai sempre tinha que sentar comigo e pacientemente explicar mil vezes que $(X + 2)^2$ não era $X^2 + 2^2$. Dei trabalho. Séculos depois, já formada em Jornalismo, fiz o Teste ANPAD para o mestrado de Administração na UFES. Caía matemática, meu terror. Chamei meu pai para me ajudar. Sabe a que conclusão nós dois chegamos? Que eu tinha ficado muito sinistra em matemática, modéstia à parte... sem ter estudado nada de matemática por anos! Foi milagre? Não! Foi resultado de leitura e muitos estudos em áreas diferentes que "abriram" minha mente para TUDO – inclusive para matemática. **E é assim que "uma coisa tem a ver com a outra".**

Para os curiosos: arrasei na prova, mas não ingressei no mestrado pois escolhi estudar para concursos.

Você hoje tem uma data final na vida. Todos nós temos. A gente não sabe qual é. Falei hoje que sem ter uma data final, não dá para priorizar direitinho, tomar decisões embasadas e criar as metas de volume na vida para garantir que vamos priorizar o que realmente importa. O que fazer então? O mesmo que fazemos quando simulamos a existência de um edital: fixar uma data imaginária! Imagine que viverá até os 90 anos. Olhe a vida de trás para frente no dia do seu aniversário de 90 anos.

Ok... mas como fazer isso pode me ajudar a passar em um concurso?

Pode ser que hoje você esteja dedicando grande parte do seu tempo para algo abstraindo o fato de que a vida é finita. **Se você estivesse bem idoso olhando para como dividiu seu tempo hoje, ficaria arrependido?** Será que as três horas que passa na internet vendo bobagens não teriam sido mais bem aproveitadas papeando com sua avó? Ou estudando para algo que gerasse um enorme impacto positivo na sua vida e na vida de quem te rodeia?

CORTA, POR FIM, PARA SEU ANIVERSÁRIO DE 90 ANOS. Imagine-se vendo as fotos da viagem para as Maldivas na comemoração das primeiras férias como servidor. As fotos da mudança para a casa dos seus sonhos que comprou alguns anos depois de aprovado. Imagine você conversando com seu filho, que está superfeliz fazendo muito sucesso na carreira que ele adora e que só rolou porque você conseguiu dar uma boa escola para ele depois que virou servidor. **Tudo se resume a que fotos você quer ver no seu aniversário de 90 anos. Como você gostaria de ter vivido sua vida? Quem você gostaria de ter sido?**

EXERCÍCIO MENTAL	
O QUE/QUEM <u>NÃO</u> QUERO VER NO MEU ANIVERSÁRIO DE 90 ANOS?	O QUE/QUEM QUERO VER NO MEU ANIVERSÁRIO DE 90 ANOS?

CAÇANDO MAMUTES

Não se engane com a comodidade de um delivery trazer uma comida quentinha na sua casa. Nós ainda caçamos mamutes.

Na pré-história não existia esse papo de felicidade não. O plano era **SOBREVIVER**. Não importava se estava cansado, irritado, doente, ferido. Se quisesse comer para não morrer, teria que sair do conforto de sua caverna e ir caçar seu mamute. Não tinha papo. Não tinha choro. Não tinha desculpa.

De lá pra cá evoluímos um bocado, é verdade. Ainda bem que podemos nos dar ao luxo de buscarmos a felicidade. O problema é que isso está um tanto desvirtuado em nossa sociedade. **Estamos vivendo a ditadura da felicidade e alimentando a ideia de que o mundo nos deve algo, de que devemos ser superfelizes 24 horas por dia – todos os dias. Expectativa alta, não acha? Totalmente descolada da realidade. Receita para o desastre emocional.**

Sou meio nova para falar isso, mas quando eu era criança chatice era parte natural da vida. Se eu tinha que acompanhar minha mãe a um médico, tinha que ficar sentada com – no máximo – umas revistas velhas de adulto para me distrair. Esse é apenas um de muitos exemplos de treinos de "suportar chatice" que a gente tinha. E o treino de "aprender a esperar"? Era inerente à rotina diária! Quer falar com alguém? Tinha que esperar chegar em casa para ligar. Não tinha celular. Como a maior parte de vocês é mais ou menos da minha idade, imagino que estão lembrando bem de como as coisas eram diferentes.

Esse flashback não é puro saudosismo não! Vai servir de referencial nesse texto! **Hoje não existe adiar gratificação.** É tudo para ontem. Estamos perdendo a capacidade de esperar e estamos nos esquecendo de que a vida é, sim, dura. Queremos vida de filme! Ou melhor, de instagram. Para muitas coisas, a vida ficou muito fácil e nos deixou moles e com visão distorcida. Nossas vontades parecem ter caráter emergencial. Tá chato? Pega o celular para se distrair! Tá calor? Liga o ar condicionado, de preferência com controle remoto. Quer comer e está com preguiça?

CAÇANDO MAMUTES **187**

Pede delivery! Quer falar com alguém? Deitado na sua cama pode digitar uma mensagem no WhatsApp! Tem até app para arrumar um "amor", gente! Tudo sem sair de casa!

Não me entendam mal. Nada melhor do que conforto e comodidade. Então, qual é o problema? O problema é que a gente esquece que nem tudo são flores e diversão! **Perdemos muito a noção do que temos de fato.** Quando eu só estudava e morava com meus pais, via uma casa legal, meu quarto bonito... mas costumava dizer que por trás daqueles confortos, eu sabia que se ficasse de repente "eu por mim mesma", moraria em um bairro muito humilde, numa casinha bem precária. Provavelmente sem NENHUMA das coisas materiais que eu tinha... porque eu não tinha de fato. Meus pais tinham. E se você ficar de repente por conta de se sustentar sozinho AGORA? Seu cenário mudaria? Como ele seria? Onde moraria? Não se iluda. Se outra pessoa está provendo os confortos, VOCÊ não tem nada realmente seu. E não digo isso para afetar sua autoestima. Meu trabalho é o oposto. Mas você precisa compreender que é muito fácil não querermos encarar nosso real padrão de vida quando estamos em uma bolha linda e cômoda criada por outros. Ressalto que não vejo nada de errado com isso, desde que você estude. Eu agradeço imensamente meus pais, que facilitaram minha vida... mas eu ralei e saí de lá para criar a MINHA bolha. Recomendo que faça o mesmo.

A gente cresce com uma expectativa muito irreal. MUITO! Acha que vai flutuar da faculdade para um bom emprego e que carro legal, casa espaçosa e acesso a lazer interessante virão se você fizer tudo direitinho. Na maioria dos casos, não é assim que acontece. Você vai fazer tudo certo e como manda o figurino e ainda assim vai ralar para arrumar um emprego que paga menos do que você julga merecer... muito menos. **Você vai ter que fazer muito mais do que espera para chegar à tal "vida digna" que a gente imagina. Ficamos com a sensação de que TUDO está ao alcance das mãos. "Você pode ser quem você quiser", ouvimos muito, né? Podemos mesmo. Só que deixaram de frisar que para isso o preço é ALTO!**

O desgaste agora não é físico como nos primórdios, mas sim mental. Caçar seu mamute agora é feito enquanto está sentado na cadeira do seu local de estudos. Ou você acha que há muita diferença entre as duas ações? O grau de esforço é o mesmo! A necessidade/desespero é a mesma! Não se engane com Netflix, ar condicionado, controle remoto, delivery e celular. Você é aquele ser primitivo caçando o mamute, desculpe te informar.

Sabe o que me deixa chateada? Como vocês entregam os pontos rápido! Gente, se fosse fácil todo mundo seria concursado! **Essa desistência é uma FALTA DE RESPEITO COM VOCÊ! RESPEITE OS SEUS SONHOS E OS DEFENDA FEROZMENTE. Ninguém vai fazer isso para você!**

Eu sempre digo aqui em casa que VONTADE é uma coisa SAGRADA! O contrário da vontade é a depressão, quando nada te encanta e desperta alegria no seu coração. Dessa forma, cultive a vontade. Dito isso, vamos nos aprofundar. Assim como no Direito há um sistema de freios e contrapesos, o mesmo deve existir na sua vida. Quando dois direitos conflitam, não há regra geral para a solução, não é assim? O impasse é solucionado caso a caso. Na sua vida sempre haverá um embate de vontades. Todos os dias. Várias vezes por dia. Quero emagrecer. Quero comer outro Twix. Qual vontade, se saciada, alegrará mais o meu coração? Cada pessoa tem uma resposta.

Você quer passar? Vai doer. Vai ter que mudar a rotina e abrir mão temporariamente de algumas coisas (ou pelo menos da frequência com que tinha acesso a elas). **Trade-off da vida! Não dá nem para discutir.**

"Não estudei porque essa matéria é chata". Como é que é??? Filho, *this is Sparta!* Não tem essa de "não fiz porque achei chato"! O mundo não é seu play! O examinador não quer te divertir. Muito pelo contrário. Você já é adulto e isso implica em fazer o que não gosta quando necessário, engolir o choro e tocar o barco! Se estiver realmente muito abalado emocionalmente, chore que alivia. Mas depois vá estudar por motivos de: "as questões de prova não vão se resolver sozinhas".

"Ah... reprovei. Estou arrasado, derrotado. Desisto!"

Mas já? O jogo nem começou, amigo! Você ainda vai apanhar muito antes de começar a bater. Só te digo uma coisa: tem um mamute passando na porta da sua caverna agora! Se ficar admirando as pinturas rupestres, vai ficar sem o jantar!

EXERCÍCIO MENTAL	
O QUE ME DÁ A FALSA IDEIA DE NÃO TENHO UM MAMUTE A CAÇAR?	REALIDADE NUA E CRUA QUE ME FAZ QUERER CAÇAR O MAMUTE?

MÚSICA AMBIENTE

Já tentou pensar em nada? Quando eu era criança, eu tentava fazer isso (criancinha estranha, concordo). Ficava curiosa sobre o que seria o tal "nada". Acabava pensando em um local todo branco ou todo preto. E também pensava que isso era alguma coisa, um local, uma cor. Pensava – portanto – que tinha perdido a brincadeira. Pensava, pensava, pensava. E olha que o plano era pensar em NADA. **Conclusão: a nossa mente não para, por mais que a gente tente.**

Sabia que você fala para si mesmo de 300 a 1000 palavras POR MINUTO? Fiquei besta quando vi que o número era tão alto. De posse dessa informação, é impossível não querer saber: **o que você diz a si mesmo?** Aposto que não faz ideia da metade! Nossa mente corre no "piloto automático" desde que nascemos. Para não ficarmos exaustos tentando interagir com o mundo e seus milhares de estímulos e conversar conosco ao mesmo tempo, aprendemos a deixar o **DIÁLOGO INTERNO** ser algo como uma música ambiente: ela está ali e você sabe, mas está tão baixinha que você não consegue entender a letra.

Puxe aí na memória o que você pensava de si quando era criança. Eu me achava o máximo dos máximos, disso eu lembro bem. Primeiro que eu me achava imortal. Não conseguia ver perigo em nada. Também gostava de imaginar o que seria quando crescesse, como seria a minha vida... Criança não coloca limite nessas coisas não! Pergunte a uma o que ela vai ser quando crescer. Nenhuma vai te responder algo chato, um trabalho só para pagar as contas. Sempre vai ser algo legal. Ressalto que o conceito de legal para criança é diferente do adulto. Sei de uma garotinha que falava que queria ser gari. Isso porque para ela o gari tem uma vida maneira demais. Eles estão sempre correndo atrás de um caminhão com os amigos, têm permissão para subir no caminhão e estão sempre brincando e cantando. Não dá para ficar melhor do que isso! Outros querem ser jogadores de futebol (ainda que joguem mal) e

MÚSICA AMBIENTE · 191

outros querem ser cantores (ainda que a voz não ajude nem um pouco). **De onde vem tanta autoestima?**

Quando a gente fica adulto, perde isso. É impossível não perder pelo menos um pouco. As teses que criamos quando crianças acabam se provando, pelo menos em parte, erradas. Depois que me machuquei em algumas brincadeiras, os perigos ficaram mais evidentes. Já não me julgo imortal... rs. Também não acho que vou ser cantora ou modelo internacional. **Quer ver outra coisa que a gente aprende enquanto cresce? Que a gente não é especial.** Desculpa, gente, não é não. **Pelo menos não mais do que as outras pessoas.** Quem tem irmão aí vai lembrar. Eu tenho dois irmãos mais novos. Fui o primeiro bebê da família depois de uma longa temporada sem crianças. Eu era o centro das atenções. Depois vieram os irmãos, primos... e eu vi que as coisas haviam mudado. Aprendi a dividir, inclusive os holofotes.

Para sermos adultos mais ou menos equilibrados, precisamos abrir mão de algumas crenças da infância. Não dá para crescer achando que somos imortais ou especiais. O mundo seria um caos se todos os adultos fossem assim (alguns são, e repare no problema que costumam causar!).

Se um pouco do lado criança da gente se perde para nosso próprio bem, outro se perde e nos faz uma falta enorme: o diálogo interno é altamente positivo! Depois de alguns desapontamentos, criamos uma proteção. Aprendemos a não criar muita expectativa para evitar o gosto amargo da decepção. Parece ser o mais prudente a se fazer. Mas – na verdade – é o mais covarde e prejudicial. Para não criar expectativa, por exemplo, sobre sua aprovação, terá que dizer a si mesmo que não é tão bom assim, tão disciplinado, tão estudioso, tão capaz. Terá que – antes da prova – dizer a si mesmo várias e várias vezes que reprovará. Mesmo que diga algumas vezes coisas positivas e que vai passar, para realmente se preparar emocionalmente para o baque de uma reprovação, terá que falar muito mais frequentemente sobre reprovar. **Acha mesmo que isso não vai afetar suas chances?**

Toda reprovação dói. Seja ela no concurso, seja a reprovação que sentimos em pessoas queridas e até em estranhos. Já foi a algum lugar sem estar vestido de acordo? Entre em um restaurante chique de bermuda e chinelo. Os olhares – mesmo que ninguém diga uma só palavra – podem ser bem desconfortáveis. **Não dá para se preparar emocionalmente de modo a evitar a dor da reprovação, ou qualquer dor.** Isso é lenda! Já terminou um namoro que estava ruim e – mesmo com a certeza da decisão e uma certa sensação de alívio – ficou completamente arrasado depois? Você se preparou para o fim. Sabia que era inevitável há meses (talvez até anos). Falou sobre isso com si mesmo incontáveis vezes. Mesmo assim, doeu uma barbaridade. Quer outro exemplo para corroborar a minha tese? Já fez concurso para o qual não estudou nada? Pois bem. Se não estudou, não poderia pensar em aprovação, certo? Beleza. O problema é que – misteriosamente – você se sentiu um lixo quando viu que não passou. Adiantou saber de antemão que não tinha chances??? Enfim, o que quero dizer é que não dá para não sofrer. **Sentir coisas desagradáveis é parte da vida. Não dá para correr disso ou se preparar para isso. Então, nem tente.**

A natureza é sábia. As frutas possuem casca. Ela serve para preservar o interior. Quando a gente é criança, é como uma fruta sem casca. A melhor parte está à vista. Mas a melhor parte é a mais sensível. Se as frutas não tivessem casca, se estragariam muito rápido. Quando a gente fica adulto, percebe que ficar sem casca é complicado. A gente pode se machucar muito. Precisamos de proteção. Disso eu não discordo! Não podemos nos colocar em situações emocionais megavulneráveis o tempo todo. O estrago emocional poderia ser enorme! **Mas o que vejo muita gente fazendo não é criando a casca e sim estragando logo o interior!!!** "Vou estragar o interior logo, já que ele pode um dia se estragar por acontecimentos externos que fogem ao meu controle. Assim, quando a fruta estiver podre, eu não tomo um susto". Isso lá tem lógica???

Quando você repete para si mesmo que tem grandes chances de reprovar (mesmo que seja verdade, mesmo que tenha estudado pouco), está envenenando o diálogo interno, machucando sua melhor e mais sensível parte. Está estragando a polpa da fruta!!!! O objetivo não era preservar a polpa, Jesus???? **Por que você faz isso com você, criatura???** As coisas estão confusas nessa cabecinha, hein! Bora clarear.

A casca NÃO É o diálogo interno. A casca não fica DENTRO, fica FORA DA FRUTA! Sua casca deve ser saber lidar com a decepção DEPOIS que ela acontece. D-E-P-O-I-S! É muito mais jogo aprender a lidar com o sofrimento e a decepção do que você baixar as expectativas! É assim que você MAXIMIZA sua chance de passar. É assim que você se manterá persistente após uma reprovação. É assim que vai tornar o processo menos pesado.

Seu diálogo interno te condena ou impulsiona. O problema é que às vezes a nossa autoestima está tão detonada, que achamos que merecemos o pior. Fazemos e dizemos o pior para nós. **Pensa: você falaria para sua mãe, irmão, amigo, marido, esposa o que fala para si?** Se quer manter o relacionamento, mesmo que tenha algo ruim a dizer, vai dizer com carinho para não ferir os sentimentos do outro. **Você tem um relacionamento ETERNO com você.** Se algum relacionamento te deixa infeliz, você pode ir embora – menos do relacionamento com você mesmo. É do seu maior interesse – portanto – que tenha um EXCELENTE RELACIONAMENTO CONSIGO MESMO. Cuide de seus sentimentos. Ressalte qualidades, elogie-se e maneire nas palavras quando for hora de criticar (não deixe de fazê-lo, mas faça com jeito). **Você é seu melhor e eterno amigo.** Aja de acordo!

Diálogo interno ruim aumenta distância entre você e sua vaga. Você vai ficar desmotivado, procrastinador e triste. Diga-me: dá para passar assim?? Deixa que eu respondo: NÃO!

Dica: aumente o som daquela música ambiente e preste MUITA atenção à letra. Se ela não for encorajadora, TROQUE DE MÚSICA O QUANTO ANTES. Como já dizia Henry Ford: se você acha que pode ou que não pode fazer alguma coisa, você tem sempre razão.

EXERCÍCIO MENTAL	
O QUE DIGO DE RUIM PARA MIM	O QUE DEVO DIZER DE BOM PARA ME AJUDAR A CONQUISTAR MEUS SONHOS

PRIORIZAÇÃO:
PELO BEM DOS SEUS PRATINHOS

Não dá para "zerar" a vida e ser #pleno em ABSOLUTAMENTE tudo o que se faz. Não importa o quanto você tente. Pelo menos não quando a demanda é grande demais.

Somos todos equilibristas. E sabemos, por experiência própria, que alguns pratos vão cair. O que fazer então para minimizar os danos?

Certamente você já ouviu muitos conselhos sobre PRIORIZAÇÃO. O problema é que botar em prática é algo muito mais complexo e EMOCIONAL do que parece.

EMOCIONAL porque você tem que DECIDIR qual prato vai deixar cair. E isso dói! Afinal, você não quer nenhum pratinho esmigalhado no chão. **TOMAR A DECISÃO DO QUE VAI DEIXAR CAIR (= PRIORIZAR) É – DE CERTA FORMA – ACEITAR QUE NÃO DÁ PARA DAR CONTA DE TUDO O TEMPO TODO.** E isso não é fácil de engolir.

Veja bem. Quando você não prioriza, sabe que algum prato vai cair... mas não sabe QUAL. Assim, você se sente MENOS RESPONSÁVEL pela queda. Afinal, foi um ACIDENTE algo ou alguém ter ficado de fora do seu radar de atenção, da sua lista de tarefas. "ACONTECEU".

Note que FREUD classifica essa conduta como MIGUÉ (brincadeirinha...rs). Você sabe que não "simplesmente aconteceu" coisa nenhuma! Você sabia que estava ASSUMINDO O RISCO de deixar sua falta de foco "decidir" qual prato iria cair. **PLANEJADA OU NÃO, VOCÊ É SIM RESPONSÁVEL PELA QUEDA DO PRATO.**

Quero te fazer entender que seu tempo é precioso simplesmente por ser um recurso ALTAMENTE ESCASSO. Por que um diamante é

PRIORIZAÇÃO: PELO BEM DOS SEUS PRATINHOS **195**

caro? Por que você não sai tropeçando em diamantes na rua! São raros, escassos. Seu tempo é seu bem valioso.

COMO PRIORIZAR... NA PRÁTICA!

Olhe para a sua semana padrão. **Quais atividades são mais importantes para você? Liste-as.** Não deixe só na mente. Fica muito abstrato e, portanto, mais fácil para nos enrolarmos/autossabotarmos. **Plano é no PAPEL!**

Exemplo:

- Estudar

- Trabalhar

- Fazer um exercício físico

- Organizar a casa

- Dar atenção aos filhos e cônjuge

Crie um CRONOGRAMA DE VIDA. O que você fará em cada período do dia? Coloque hora para tudo. Sem hora marcada, deixamos para depois. E depois.

Garantiu tempo para as atividades PRIMORDIAIS? Show! Sobrou um tempinho para encaixar um happy hour? Vá em frente! Mas se para encaixar o happy hour tem que abrir mão de uma atividade primordial, melhor repensar. **Quanto "custa" esse happy hour? Quanto de qual atividade primordial você vai tirar para estar lá? Vale a pena?** Só você pode responder. Mas saiba com EXATIDÃO o preço da saída.

Tem um evento que você nem quer ir, mas está com dificuldade de dizer não? Ou te pediram um favor, você quer negar e não consegue? Sabendo o preço em tempo e atividades primordiais que VOCÊ vai pagar para prestigiar ou ajudar a pessoa, fica mais fácil decidir o que fazer.

Não estou dizendo para você ser 100% egoísta e só pensar no que importa ou é mais conveniente para você. Nada disso. Algumas vezes, a pessoa que nos demanda tempo é TÃO IMPORTANTE para nós que o "preço" cobrado (atividade primordial deixada de lado) VALE MUITO A PENA. **Quero apenas que você entenda que cada minuto dado a uma coisa ou alguém tira um minuto de outra coisa ou de outro alguém. DECIDA COM SABEDORIA E CONSCIÊNCIA!**

Como as atividades e prioridades – em regra – não variam muito de semana para semana, notará que seus dias serão bem parecidos. E que algumas atividades quase nunca terão espaço (pelo menos não de segunda a sexta). Paciência. **Esse é o estilo de vida que você conscientemente escolheu. Não deixou simplesmente rolar. Você priorizou e não cabe tudo na semana. Pelo bem dos seus pratinhos mais importantes, outros foram para o chão.** Coisas da vida.

EXERCÍCIO MENTAL	
QUAIS PRATINHOS PODEM CAIR	QUAIS NÃO PODEM CAIR

MANUAL DE BOAS FESTAS DO CONCURSEIRO

Prepare seu coraçãozinho concurseiro que a fogueira da Santa Inquisição Natalina já está queimando. Jingle Bells!

Fim de ano pode ser uma época bem tensa. Como presume-se que nessa data você precisa estar pleno e radiante, quando você não está, até o pisca-pisca parece estar te provocando.

Para piorar, seus parentes do interior começarão a chegar e se instalarão no seu antes silencioso e organizado lar. Você terá que "fazer sala" para as visitas, será coagido a adentrar um shopping lotado para comprar presentes, te designarão um prato para levar para a ceia... Tudo isso vai desafiar sua força de vontade para seguir seu cronograma. Mas creia em mim: todas essas interrupções, o barulho e o brinquedo do seu sobrinho em cima da sua mesa de estudos não são nada diante das temidas perguntas.

Em nenhuma outra época do ano você socializa com tanta gente de uma só vez e isso – por si só – já é emocionalmente exaustivo. Além de encontrar parentes que você não vê desde o último Natal, são vários Amigo X com ex-colegas de faculdade, ex-colegas da escola, vizinhos... Lembra do Neo em Matrix? Daquela cena clássica dele se desviando de milhares de tiros? Pode pegar seu gorro de Papai Noel: **você é o Neo natalino.** Em vez de tiros, terá que se desviar dos mais sortidos questionamentos sobre sua vida. O povo é criativo!

Mas fica tranquilo! Tô aqui para te passar as manhas. Primeiro, vamos dividir os tipos de pressão:

1 – Pressão que você faz em você

2 – Pressão que você IMAGINA que aconteceu (mas que não aconteceu)

3 – Pressão de pessoas queridas

4 – Pressão de pessoas não tão queridas (ou nada queridas)

1 – Pressão que você faz em você

No Natal passado você jurou para si mesmo que estaria aprovado no próximo... e as coisas não saíram como o previsto. **Natal e Ano Novo são datas superestimadas.** São nesses dias que você espera que sua vida vai mudar. Mas sabe qual é a realidade? Sua vida vai mudar em uma quarta-feira chuvosa e sem nada de especial, a não ser pelo seu nome no Diário. **Relaxe, esqueça esse deadline e vá curtir as loucuras da sua família e amigos.** Tire concurso da cabeça e – se não tiver com a corda no pescoço e prova marcada – presenteie-se com uns dias de descanso. Vão te fazer um bem enorme. Mas nada de se sentir culpado, viu? Sem edital na praça, uns diazinhos não vão causar sua reprovação. Pode ficar tranquilo!

2 – Pressão que você IMAGINA que aconteceu (mas que não aconteceu)

Houve um tempo na minha vida em que eu me sentia extremamente oprimida em interações sociais. Veja bem, sou uma pessoa extrovertida (eu – pelo menos – acho). Mesmo assim, tinha receio até de encontrar certas pessoas na rua. Hoje, já com cinco anos de serviço público, olho para trás e sou capaz de entender muita coisa que não via enquanto estava no "olho do furacão". É isso que vou tentar te mostrar aqui.

Primeiro, preciso destacar algo que pode ser difícil de você aceitar em um primeiro momento: sua autoestima está (provavelmente) bastante balançada. Não, não fique constrangido não. O concurso te coloca em uma situação de constante teste e é impossível se sair bem o tempo todo. Não dá para acertar 90% de cada uma das milhares de baterias de exercícios que você faz. A cada resultado insatisfatório, um tijolinho da sua parede de autoestima é removido. Uma reprovação tira vários tijolinhos de vez. Muito tempo de estrada costuma comprometer a estrutura da parede, que fica bamba.

Quando nossa confiança está no dedão do pé, até um olhar parece bullying. Vou te dar um exemplo para pensar: **imagine que você tivesse passado em um megaconcurso! Você certamente ESPERARIA ANSIOSAMENTE pelo momento em que alguém tocaria no assunto concurso.** Iria torcer para alguém mandar um "E os concursos?" ou um "Já passou?". Você se sentiria até honrado com o interesse das pessoas na

MANUAL DE BOAS FESTAS DO CONCURSEIRO 199

sua vida! Se ninguém falasse nada, iria pensar que estariam com inveja ou fazendo pouco caso de seu grande feito.

Notou que no exemplo a atitude da pessoa seria a mesma que hoje você julga provocação? A coitada faria a mesma pergunta! O que mudaria seria VOCÊ. Então, só podemos concluir que o problema não é a pergunta e sim... desculpa... sua situação de concurseiro.

Entenda que às vezes a pessoa pergunta "Está estudando muito?", "Como estão os concursos?" e "Já passou?" por pura falta de assunto. Ela pode não te conhecer muito bem e ter ouvido da sua mãe que você é concurseiro. É só isso que ela sabe de você! As perguntas, portanto, não são para ferir, mas para puxar papo. O desavisado presume que o tema te interessa e sai falando achando que está te agradando!

Outro detalhe: **NINGUÉM consegue entender como um concurseiro se sente (o que magoa, ofende...) a menos que seja ou tenha sido um.** Você sabe que concurso é como um universo paralelo. Por isso, não cobre das pessoas uma compreensão e uma sensibilidade que não dá para elas terem (pelo menos não no grau que você precisa). Garanto que você está chateado com muita gente que até hoje não se deu conta que te magoou.

3 – Pressão de pessoas queridas

Pai, mãe, irmão, namorado(a), marido, esposa... a pessoa não aguenta mais te ver ralando tanto ou fazendo tanto corpo mole. Independente do tipo de concurseiro que seja, pode ter certeza que **quem te ama sofre junto.**

Nem todo mundo é fofo, meigo e delicado. As formas de motivar e apoiar podem ser brutas. Com quem nos ama vale a pena **muito papo e paciência** para fazer a pessoa entender pelo menos um pouquinho da sua realidade, das dificuldades que enfrenta e do maravilhoso prêmio no final. É importante falar também como se sente pressionado com as coisas que ela diz e o quanto isso te atrapalha a estudar com concentração.

4 – Pressão de pessoas não tão queridas (ou nada queridas)

Tem gente que só se sente melhor rebaixando os outros. Triste, mas verdade. Podem perguntar quem te banca enquanto fica nessa "vida boa" de estudar para concurso. Podem duvidar que você estuda mesmo. Podem até questionar porque você acha que vai passar se só gente muuuuito inteligente passa (como se você fosse burro). **A maldade de certas pessoas não conhece limites.** A solução é ter o mínimo contato com gente assim e falar pouco ou nada sobre seus planos. Sonhos nos são caros e podem ser nosso ponto fraco na hora das críticas. **Não arme o inimigo!**

RESUMO:

1 – VOCÊ NÃO CONTROLA A BOCA (NEM O PENSAMENTO) ALHEIO. Algumas pessoas podem te achar o máximo e outras podem te achar um zero à esquerda. Nenhuma das opiniões acima muda em nada a sua vida. Além disso, todo mundo tem o direito sagrado de ter a própria opinião. Respeite isso. Lembre-se: só dá para controlar a sua reação. Mais nada.

2 – VOCÊ TAMBÉM TEM O DIREITO DE SE EXPRESSAR. Sem querer fomentar o caos no seu Natal, já dizia minha avó: quem fala o que quer, ouve o que não quer. Sentiu-se agredido? Melhor do que bater boca e pagar de maluco na frente da família toda é perguntar <u>serenamente</u> para a pessoa o motivo de tão grande interesse na sua vida. Complete se oferecendo para dar uma força: "Você está passando por algum problema pessoal que te gera uma necessidade incontrolável de rebaixar as pessoas para se sentir mais importante? Se precisar de alguém para desabafar, tô aí!". Reforço: tudo com a cara mais plácida do mundo. Não espere a resposta. Diga que vai comer o chocotone antes que acabe e saia de perto.

3 – VOCÊ NÃO ESTÁ NESSA PARA AGRADAR. Pare de fazer questão de impressionar as pessoas. Que mal tem que algumas pensem que você tomou a decisão errada na vida e que todo o esforço que tem feito é perda de tempo? Se isso não gera perda de pontos no concurso, não tem com o que se preocupar, concorda?

4 – VOCÊ NÃO PRECISA DE CONFETE. O projeto é seu e ninguém tem a obrigação de acreditar em você ou te apoiar. Sei que é duro pensar isso, mas essa é a verdade. Você precisa ser capaz de acreditar em si, no projeto e de continuar caminhando sem ter uma só pessoa falando coisas boas para você. Com apoio é mais fácil? Sim! Sem apoio é impossível? De forma nenhuma. Depender do selo de aprovação dos outros é a nossa forma moderna de escravidão. Independência emocional liberta!

EXERCÍCIO MENTAL	
O QUE TEMO QUANDO INTERAJO COM AS PESSOAS	COMO POSSO LIDAR COM ISSO?

SÓ JOGA PARA GANHAR? MINHA HISTÓRIA!

Para gente ficar mais chegado, vou contar a minha história, ok?

Sou graduada em Comunicação Social / Jornalismo pela Universidade Federal do Espírito Santo. Sou pós-graduada em Gestão Pública e Contábil e em Comunicação Pública. Fui aprovada em diversos certames como Transpetro – cargo: Jornalista (10º lugar), TJES – cargo: Analista Administrativo 1 (8º lugar), Assembleia Legislativa do ES (ALES) – cargo: Analista de Comunicação (12º lugar) e TCEES – cargo: Auditor de Controle Externo (26º lugar). Alguns desses fiquei dentro das vagas, outros no cadastro de reserva. Ocupei o cargo do TJES em 2011 e desde 2012 trabalho na ALES. Fui professora de inglês para concursos no Pontos dos Concursos de 2011 a 2016. Sou Coach para Concursos desde 2013. De 2013 a 2016 no Ponto dos Concursos, durante o ano de 2017 no Estratégia Concursos e desde 2018 exclusivamente no meu site Mente Concurseira. **Ok… essa é a parte formal. Agora vamos para a parte do "sangue, suor e lágrimas"! rs**

Quando terminei a faculdade no final de 2005, não sabia bem que rumo tomar. Sou de Vitória, no Espírito Santo. As vagas para jornalista aqui não eram muito atraentes financeiramente. Pensei em ir para a área acadêmica. Então, fiz prova para o mestrado de Administração em 2005 (alô galera que já enfrentou o Teste ANPAD!) e passei, mas como não tinha colado grau, não pude começar. Teria um ano parada. Decidi que estudaria para concursos. O que eu sabia sobre o assunto? Apenas que tinha um tal concurso para a Receita que pagava muito bem! Só isso! Mais nada! Naquela época, não tinha tanto material de PDF e ninguém nem sonhava com Coaching para Concursos! Aqui em Vitória, até hoje, não há muitos cursos preparatórios. Eu era um ET para muita gente quando falava que estava estudando. E ainda ouvia umas "pérolas":

– Ué… mas fez faculdade para "bater carimbo"?

– Concurso é só para quem tem alguém importante na família. Esquece!

– Mas concurso não cai só História e Geografia? Precisa estudar para isso? Você não é formada???

– Concurso é a morte do talento! Fez Comunicação para acabar trabalhando em algo chato e burocrático!

Concurseiro sofre com essas coisas, né?

Não conhecia nenhum concursado ou concurseiro. Então, entrei em um preparatório para carreira fiscal. Foi um baque. Tantas matérias de Direito me assustaram, mas nada como Contabilidade. Gente, saí da primeira aula chocada com conta retificadora do Ativo! Como assim não era para colocar no Passivo??? Sentei na escada do cursinho pensando que eu tinha dado o passo maior do que a perna. Um cisco caiu no meu olho naquele dia, digamos assim!

Mas eu não tinha escapatória! Na época, muita gente ganhava aqui 800 reais como jornalista (salário inicial). **Eu só pensava no meu pai que havia pagado escola particular para mim a vida toda** (exceto a faculdade, que foi pública). Pensava também na minha mãe, que tinha me dado todo tipo de suporte para que eu pudesse estudar. Comecei a calcular quanto teria que ganhar para "reaver" o valor do investimento feito em mim. Batia muito desespero naquela época.

Enfim. Eu comprei umas doutrinas (coitada de mim... li e resumi Alexandre de Moraes de ponta a ponta no meu primeiro contato com Constitucional!) e fui dando cabeçada. **Foi tentativa e erro mesmo.** Não tinha nem com quem conversar para tirar uma dúvida. Só uns dois anos depois conheci fórum para concursos na internet. Era minha única ferramenta.

Muitos livros errados, métodos errados... mas MUITA VONTA-DE DE VIRAR O JOGO. Eu repetia sempre: meu diferencial é minha resistência. A vida pode bater mil vezes, eu vou levantar mil e uma. Eu vou passar nem que seja na força bruta. Minha vantagem é que realmente eu não tinha muita escolha. Não havia para onde ir, a não ser para frente. **E eu fui a todo vapor, sempre com a CERTEZA INABALÁVEL de que eu tinha que continuar caminhando.**

Eu tinha uma dificuldade grave que me atrapalhou muito: o MEDO.

"EU SÓ JOGO PARA GANHAR".

Essa era a minha frase. Dizia toda orgulhosa, como se a vida comportasse o sucesso permanente. Sabe de nada, inocente! Hoje tenho vergonha só de lembrar!!!

Penso que devo ter parecido arrogante para taaanta gente... Mal sabiam eles que o que eu tinha não era arrogância e sim MEDO. E ele GRITA de tão óbvio naquela frase. Acho que nem eu entendia isso com tanta clareza na época. Se algum aluno me diz isso hoje, encaro como pedido de socorro! Juro!

EU ERA MOVIDA PELO MEDO DE PERDER. Se você só joga para ganhar, ou seja, só faz algo com a certeza do sucesso, jogará muito pouco e cada vez menos (a vida é dura e não está ficando mais fácil!).

E isso é um problemão. Para mim, foi um atraso de vida. Eu me recusei a prestar concursos por ANOS e fiquei em casa apenas estudando. A cada concurso que saía, por não me julgar preparada o suficiente, não me inscrevia. Pegava a prova dias depois e – na segurança do meu quarto – resolvia. Grande parte das vezes eu teria nota para passar. Algumas vezes, com folga. Mas eu pensava que se tivesse ido no dia, não teria me saído tão bem. A verdade é que eu nunca vou saber. E isso é uma pena.

O MEU MEDO NÃO ERA DO QUE AS PESSOAS IAM FALAR CASO EU REPROVASSE. Eu já era uma desempregada trancada em casa estudando. Digamos que minha imagem social não estava em sua plenitude... rs... quem é concurseiro e "só estuda" sabe que, para a grande maioria das pessoas, é o mesmo que ter **FRACASSO** escrito na testa. A certa altura, eu não poderia me importar menos com os comentários. Já estava "queimada" mesmo! **O MEDO ERA NÃO SABER LIDAR COM A REPROVAÇÃO.** Eu morria de medo de desistir do meu plano caso me saísse muito mal em alguma prova. E eu sabia que se desistisse, dadas as minhas circunstâncias na época, eu mesma poderia pegar uma canetinha vermelha e escrever na testa FRACASSADA.

Eu tinha pavor de ficar triste a ponto de chutar o balde. Eu tinha medo de me convencer que eu nunca seria boa o suficiente. Era como se

SÓ JOGA PARA GANHAR? MINHA HISTÓRIA! **205**

o examinador fosse aparecer na minha porta para dizer: "Tá delirando, menina? Quem você pensa que é para tentar essa vaga? Isso é para gente MUUUUITO mais inteligente do que você". Eu seria, basicamente, **DESMASCARADA!!!!** Eu me sentia uma fraude estudando para concursos de grande porte. Afinal, o que eu tinha de especial? **Era mais seguro, portanto, esperar o momento em que eu soubesse absolutamente TUDO de TUDO para aparecer no dia da prova. O problema é que esse bendito dia NÃO CHEGA PARA NINGUÉM, NEM PARA O PRIMEIRO LUGAR!**

A primeira prova que fiz depois do meu autoimposto exílio foi para a Receita. Logo para onde...rs.... Eu fiquei no corte dos 40% em uma disciplina, com pontuação mais do que suficiente nas outras (inclusive na danada da Contabilidade, meu calo). Eu fui para a prova já me derrotando. No íntimo, achava que não era nem digna de estar ali. #dramaqueen.

SER REPROVADA MUDOU A MINHA VIDA.

Eu digo que existe a Gabi pré-reprovação na Receita e pós-reprovação na Receita. Eu chutei o balde sim, mas das cobranças/expectativas insanas da minha cabeça. Eu considerei, no momento em que vi a minha reprovação, que eu estava no fundo do poço. Eu tinha, oficialmente, dado errado na vida! #dramaqueenmaster. Era triste, e estranhamente libertador!

PASSADOS ALGUNS DIAS, OBSERVEI QUE NÃO MORRI. CONFESSO QUE FIQUEI CHOCADA. Não fui apontada na rua, ninguém deixou de me amar, não tive que usar a letra escarlate com F de fracassada. No dia seguinte, fez um sol lindo, inclusive. Nada de apocalipse. Como assim?????? Era disso que eu tinha tanto medo?? DAÍ EU PIREI (NO BOM SENTIDO)! Saí fazendo tudo que eu tinha medo! FOI SENSACIONAL!

Dei uma descansada e decidi focar na CGU em 2011. Pá... **concursos federais SUSPENSOS** (peguei tantas tretas, tantas suspensões... assusta não. O Brasil é tão doido que nada dura muito, nem de bom, nem de ruim). Nessa época, estava dando minhas aulas de inglês, mas ganhava beeeeem pouquinho. Eu amava mesmo assim!

MENTE CONCURSEIRA

O primeiro concurso que fiz depois da Receita foi o do TJES de 2011. Modestamente, decidi fazer para nível médio. Eram muitas vagas e eu estava precisando trabalhar. Foi suuuuuuper concorrido! E eu não queria só passar. **QUERIA QUE MEU IRMÃO MAIS NOVO QUE NUNCA TINHA ESTUDADO PARA CONCURSO NA VIDA E QUE ESTAVA FORMANDO EM ADMINISTRAÇÃO (E QUE ESTARIA DESEMPREGADO EM QUESTÃO DE MESES) TAMBÉM PASSAS-SE.** Seria uma forma de "me redimir" por não ter passado na Receita e dar um respiro financeiro para meus pais.

Foi uma loucura. Peguei meus resumos da Receita das matérias que eram comuns e fiz os das matérias novas. Eu sabia tanto das disciplinas e sobre como estudar (aprendi na marra... fui minha própria cobaia por anos) que disse para o meu irmão que marcaria um X no que ele tinha que decorar do meu resumo. Não daria tempo de ler livro ou PDF! Mandei decorar dia e noite...rs... todos as noites sentava com ele e resolvia questões explicando cada assertiva. Assim, eu revisava e ele aprendia. **O TEMPO DE ESTUDO??? UM MÊS E MEIO.** Digo que ele foi meu primeiro coachee. **Eu passei em oitava. Ele passou em trigésimo terceiro.** Foi uma alegria só lá em casa!!!! Meu nome era ALÍVIO naquele dia.

Fiquei só seis meses no TJ. Tempo suficiente para conhecer meu marido. Amor de curso de formação (sim, até amor eu resolvi com o concurso)! Logo depois fiz a prova da Assembleia Legislativa do ES para um cargo de nível superior na minha área: Comunicação. Sabem como é difícil ter um concurso bom para Comunicação?? Em Vitória???? Nem tinha muita esperança, pois estava formada há alguns anos e estudei nada da minha graduação todo aquele tempo. Estudei só depois do edital e pouco, para ser sincera. Contudo, minha base por causa da Receita era tão boa que passei (caiu muita legislação, 8112...). Hoje sou Analista de Comunicação na ALES. Eu ADORO o que faço. Minha carga horária é uma delícia: seis horas. Alcancei meu objetivo. A estrada até aqui que foi meio diferente do planejado! Mas cheguei, ufa! Tô morta com farofa até hoje! Kkkkkkkk

No fim de 2011 também comecei a dar aulas de inglês para concurso em um preparatório online. Foi massa demais! Eu trabalhei como louca, mas cheia de amor e gratidão. Dei aula para Receita,

CGU, TCU, MRE (com discursiva de inglês) e todos os concursos que podem imaginar! Além disso, em 2013 comecei meu trabalho como Coach para Concursos. **E o tanto de amor que eu tenho por isso? DO TAMANHO DO MUNDO!** Interagir com vocês é pura alegria e gratidão. Já estive na exata situação que estão hoje, sem uma pessoa para me dar uma luz, uma direção. Isso tornou tudo MUITO MAIS penoso e demorado. Poder ser essa luz que eu tanto precisei para outras pessoas é um sonho realizado. Ser concursada é bom. Ajudar pessoas é melhor.

VAMOS ENTÃO PARA AS CONCLUSÕES DESSA HISTÓRIA?

1. Gente normal e esforçada passa. Pode até sofrer um pouquinho, mas passa!

2. Com orientação a gente passa mais rápido. Veja meu irmão!

3. É preciso ter fé. Fé é confiar sem ver. Tenha fé em você, mesmo sem resultados.

4. O medo não é bom conselheiro.

5. Faça concursos. Mal preparado. Bem preparado. "SE JOGA"!

6. Corra atrás do que você sonha incansavelmente.

7. O caminho até a felicidade é mais do que tortuoso. Não se assuste. Isso é normal.

8. Se você fizer sua parte, as coisas darão certo no final. É só não desistir (spoiler: você vai sentir MUITA vontade).

9. Nem tudo sai milimetricamente conforme o planejado. E isso é maravilhoso!

Jogue por jogar. Jogue para aprender a perder. Jogue para ter a certeza que você sobrevive ao "baque" de um resultado ruim. Jogue para ver o que vai acontecer. Quem passa é gente normal... que tropeça e cai milhares de vezes antes de conseguir avançar. Coisas boas acontecem para quem corre atrás. Acredite!

EXERCÍCIO MENTAL	
DO QUE TENHO MEDO NA HORA DE JOGAR	**COMO SUPERAR**

COMUNIDADE MENTE CONCURSEIRA

Um dos meus grandes sonhos é criar uma verdadeira comunidade de apoio mútuo das mentes concurseiras desse país. **Acredito que quando a gente ajuda o outro, ajudamos mais a nós mesmos.** Para juntar essa galera toda em uma corrente do bem, estou nas redes sociais esperando para interagir com você!

Quero te conhecer. Para isso, poste sua foto com o livro e a **#menteconcurseira**.

Seguem os contatos:

www.menteconcurseira.com.br

 profa.gabiknoblauch

 Gabriela Knoblauch

 Fanpage: Professora Gabriela Knoblauch
Pessoal: Gabi Knoblauch

Espero que este livro tenha contribuído para acelerar sua caminhada rumo à sonhada nomeação!

Forte abraço e bons estudos!

Gabriela